野村総一郎

人生案内 心の悩み 心の不調に答えます

日本評論社

まえがき

私は一介の精神科臨床医にすぎません。その私が、読売新聞に人生案内の連載を始めて、今年でちょうど10年。とくに好評だったものを選抜した3冊目の本を、ここに出すことになりました。こんなに長く回答者を続けさせていただき、出版も3冊になるとは！　これも各位、とくに読者や相談者のサポートがあってのことと、いくら感謝してもしすぎではありません。この感謝の意を表明すること以外に、まえがきとして述べる言葉もないはずですが、考えてみるとわずか10年、されど10年、短かったようで長い年月です。これを節目として、これまで感じてきたことを整理して、挨拶代わりとしたいと思います。

■回答者としての精神科医

私が回答者を務めているのは、やはり精神科医として長く働いてきたということと無関係であるはずがありません。まだ連載が始まっていない、平成17年12月の読売新聞紙上に、新しい回答者としての私の挨拶が出ていますが、その時にも「自分でそれほど人生経験を積んだとは思っていませんが、長年にわたって多くの方の心の悩み相談に乗ってきたことが、何らかの形でお役に立てれば幸いです」とあります。

この短文の中には、私の「人生案内観」といったものが2つ含まれています。一つは「人生案内の回答者というのは、そもそも人生経験を十分に積んでいる人であって、その豊富な経験からの見識を述べる」というイメージ、二つ目は「精神科医としての経験は回答するために有用」という確信です。いや、「確信」とまで強くはいかないかもしれませんが、「そうありたい」という願望が含まれている、といいましょうか。

確かに精神科医は人の悩みに対処する職業です。そもそも医者というのは病める人の悩みを解決するのが役割でしょうが、精神科の場合はとくに「人の心」を扱うわけです。どうしたって、人生相談との共通点を考えざるをえません。ただ、このように言うと、「精神科は人生相談とは本質的に違う。そこを混同させるような書き方はけしからん」という類の精神科医からのご批判をいただくことがあります。これについては、前著『人生案内――ピンチをのりきる変化球』（日本評論社、2013年）においても「精神医学と人生相談」という一文をしたためて、両者の異同について論じたことがあります。たとえば、両者には共通性もあるが、人生相談の場合、相談者とのやりとりがなく、診断という精密な概念も存在しないこと、などを考えると、これは医学よりむしろ文学に近いかもしれない、とも述べました。ただ、文学作品にも臨床的な効果が認められることがあります（「あの本に出合って救われた」等）し、社会全体を癒すという意味合いでの人生相談の持つ社会的な意義も、臨床に負けず劣らず大きいと、私は信じています。

■心の悩みと心の病気はどう違う

一番よく聞かれるのが、この質問ですね。新聞には人生相談欄とは別に医療相談欄も設けられていて、心のことではあってもそれが明確に「病気」と診断される場合には、医療相談で回答するのが筋かと思います。たとえば、「うつ病と診断され、治療を受けているのですが、全然良くなりません。どうしたら良いでしょうか?」というようなご相談は、もちろん深刻なものですが、これは人生案内というより医療相談であって、なぜ改善しないのか、今の治療の問題点や治療法の工夫などについて医師が医学的に回答する、ということになります。しかし、病気が絡んでいる家庭問題や介護、医者へのかかり方などは、人生案内の範囲かなと思います。たとえば、「うつ病について上司が全く理解してくれません。どのように付き合えば良いでしょうか?」というように、付き合い方を相談する場合は人生案内で良いでしょう。

これと絡んでよく聞かれるのは、「自分は心の病気なのか、そうじゃないのか、よく分からない」という境界線上の相談ですね。つまり、悩みが病的なのか、そうじゃないのか、ということです。これについては「正常心理としての心の悩みと病気の症状としての悩みは連続していて、どこから異常(病的)か、正常かは線を引くことができない」「だからあまりこだわらない方が良い場合もある」というのが答えでしょう。誰がみても病的だ、あるいは誰がみても正常心理だ、というのはあまり問題ないでしょうが、境目にある時は連続しているので、どっちがどっちか分からないということです。

たとえ話を出してみます。どこからどこまで富士山か、ということです。富士山の山頂は誰が見ても富士山ですし、御殿場くらいまでずっと降りてくると、そこは富士山とつながっていても、明らかに富士山ではないです。6合目くらいになると、これも富士山であることはほとんど議論がないでしょう。しかし2合目とか、1合目になると、そこが富士山か、麓の平原なのか、分かりにくくなります。その場合は、国土省などの公的な機関がここは富士山です、と判定する必要が出てきます。境界は難しいです。ただ、精神医療の場合、専門家の間ならこの境界は重要で、厳密なものですが、一般人が考える場合は、あまり気にすることもない場合が多いといえましょう（私は山岳の専門家ではありませんので、ここにあげた富士山の話は全く科学的真実ではなく、単なるたとえ話です）。

■人生案内に現れている心の病について

以上述べたことを再度まとめてみると、「明らかな精神的な病気で、解決は医学によるしかないような場合、人生相談ではなく、医療相談にお願いする」「ただ病気であっても、医学的な治療による解決ではなく、人の生き方にかかわる相談なら、人生案内でお受けする」「でも、医学か、人生か、境界は難しい。そこはあまりこだわらないで対応する」ということになるでしょう。

この基準を持ってくると、どのくらい精神的な病気相談があるのか？　ちょっと気になってきました。本書には97のご相談が収載されていますが、そのうち精神科的な病名が明らかに付くようなケース、すでに精神科にかかっておられるようなケースはざっと見たところ、14ありました。つまり約14％がこころの病気が絡んでいるということです。私は読売新聞社に明確に要望したことはないのですが、「あまり心の病気にかかわらないで、相談を回していただけるとありがたい」ということはおりにふれて話しています。それは、「専門領域の答えをするスペシャリスト」としての回答者になりたくない、という思いがあるからです。といっても、私が精神科医であることを否定したいのではありません。精神科医として生きてきた「人間としての回答」をしたいからです。たとえば、夫婦の悩み、離婚をするかどうしようか、という悩みの場合も、「この夫は○○病の可能性があるから、この場合、このように対処するのが良い」といった具合に、診断を登場させたり、病理的な方向からの見方をしないようにして、むしろ「人間というのはこういうものだ」という精神科医として生きた中から生まれるかもしれない人間観を出すようにしたいからです。

そうはいっても、やはり「心の悩み」というサイドの相談を多くいただくことは確かです。弁護士の先生のところに法律がらみの相談が多く行くようなものです。14％くらい病気絡み、といっても、その他の相談の中にも精神科的な要素は含まれているので、この数字にはあまり大きな意味はないのかもしれません。そうだとしても、ざっと14％部分を眺めてみると、いろいろな依存症絡みの相談が増えているな、と感じられます。とくにアルコール依存やゲーム依存、買い物依存などが目立ちます。精神科が関係する相談となると、「医者の回答者は何でもすぐ病気にしたがる」「病気扱いするな」といった批判がきやすいのですが、とくにゲーム依存の場合は「回答がゲーム依存に甘すぎる」「あれは病気なんだから、精神科の病気だとはっきり書くべきだ」というご意見が寄せられます。これはゲーム依存が病気扱いされておらず、その人の人格の問題だ、と捉えられている側面もあり、患者団体やご家族からは「病気扱いしてほしい」という要望が出るのだと思われます。となると、ゲーム依存の医学的治療が発展する必要があり、精神医療の今後の課題ということになるのかもしれません。

もう一つ、他の回答者への相談も含めて、このところ多くなっているのが、高齢社会を反映した認知症絡みの相談です。とくに、高齢者の運転にかかわる問題が目立ちます。当人はまだまだ運転に自信があり、やめる気はないのですが、家族からすれば危なくて見ていられない、何とかやめさせたい、という内容です。これは数年前まではやや高齢者を思いやるような回答もありえたのかもしれませんが、その後深刻な事故が次々に報道され、とても看過できない非常に危険な行動であることは自明のこととなってきました。法律の改正なども絡んでおり、違法な場合にはそれこそ「人生案内」のレベルを超えた反社会的な行動として対応せねばならないかもしれません。

ちょっとニュアンスが違う相談としては、医師との付き合い方に関する相談も増える傾向があります。医者への恋愛感情の相談など微笑ましいものもありますが、主治医と気が合わないのだが、担当を替えることは良いのだろうか、転院に際しての紹介状に失礼なことを書かれた、こういうのは良いのだろうか、といった、まあ診療マナーについての相談ですね。こういう相談は医者の回答者が答えるのにふさわしいものといえるかもしれません。

■全体の構成について

まえがきの最後に、今回の人生案内全体の構成について触れておきます。これまでは、寄せられた相談を時系列的に並べて掲載してきましたが、今回は初めて、相談者の年齢順に並べてみました。これは日本評論社編集部の守屋克美氏のアイデアなのですが、少年少女といって良いような若い人と働き盛りの成人、高齢者とで、悩みがどう違うのか、それが浮き彫りにされるのか、されないのか、その当たりが分かるかどうか……そのような思いがあってのことです。皆さまからのご感想などもいただければ幸いです。

なお、読売新聞人生案内欄にご相談を寄せてくださった相談者および同欄を担当してくださった読売新聞東京本社生活部の方々に心より感謝申し上げます。

平成28年8月

野村総一郎

人生案内　心の悩み　心の不調に答えます――目次

人生案内
心の悩み
心の不調に
答えます

野村総一郎

節約しても父が大量買い
――家族の頑張りが無意味に

（10代女性）

14歳の中学生女子。父の「大量買い」が気になってしかたがありません。父に「あれ買ってきて」と買い物を頼むと、頼んだ品を何個も買ってきます。私たちのためを思って、多めに買ってきてくれるのはうれしいのですが、あまりにも買ってくる数が多いので、困っています。買い物を頼まない時でも、食品などが半額に値下げされていると、何個も買ってくるのです。

とてもお金がもったいないなと思います。日用品などを買うときに、私たちが必死に安いものを探して出費を減らしても、父のお金の無駄遣いで、私たちの頑張りが無意味になっている気がします。父に「大量に買うのはやめて」と言っても、しばらくするとまた買ってくるのです。

母に相談すると、「ギャンブルでお金を使うよりマシやし、ほっといてあげ」と言われました。でも、すごく気になります。どうすれば良いのでしょうか。

（奈良・T子）

解決法アドバイス

▼三段階でお父さんを説得
――しっかり者のあなたにしかできない役割

うーん。物の売れないデフレ不況の今日、これだけ買い物好きのお父さんのことを日銀総裁が聞いたら、感激して表彰状を出してくれるかも。いや、これは半分以上冗談でした。やはり無駄遣い防止はどんな時でも家計の基本ですよね。

ただあなたの家の財務大臣、お母さんが「ほっといてあげ」と言っている以上、許容範囲かな、と思えないこともない。いやいや、そうではあるまい。財務大臣も本音は苦々しく思っている様子が、「ギャンブルよりマシ」という言葉の中に垣間見えます。ここはしっかり者のあなたの出番かと。

ポイントは三つ。まずあなたが必死で出費を減らしていることをはっきりと知らせること。そこまで娘にさせて、平気で無駄遣いする父親がいるでしょうか。いるとは思いたくないです。次に「やめて」と言った後、しばらくは無駄な買い物が止まることに注目。そして止まっている時に、「よく我慢した。偉い！」と思いっきり誉めること。絶賛されているのに無駄遣いはし難いのでは？　そして最後に、これだけ父親思いの娘心に気づいてほしい。このお手紙からは誰しもそう感じると思います。

鼻すする音 イライラする
——我慢は限界に近い どう対処すればよいか

（10代女性）

15歳の女子。鼻をすする音が大嫌いで、ずっと悩まされています。鼻をすする音は、聞きたくなくても耳に入ってきます。その音を聞くと、とても不快な気分になり、イライラします。授業中に聞こえてくると、集中できなくなってしまいます。

鼻をすすっている人は、花粉症や風邪でつらいのかもしれません。でも、鼻をすするのなら、かんでほしいのです。私は、鼻をかむ音なら気になりません。

友達には、「鼻はすすらずに、かんでほしい」と直接言えますが、全く知らない人に対して、そのようなことを言うことなどできません。

電車やバスの中では、音楽を聴いて気を紛らわすなど、自分なりに努力しています。しかし、うまくいきません。

我慢は限界に近いです。これからどうするべきでしょうか？

（埼玉・S子）

解決法アドバイス

▼不快軽減のための現実的な工夫を続ける
――多少音に慣れてくる可能性を信じて

私もずるずると鼻をすする音は大嫌いです。なぜなら、私には「鼻水というのはそもそも毒素を外に出すために出る」というイメージがあって、それを体内に吸い込むなんておよそ信じられない。だから鼻はかむべきだというあなたのご意見に賛成です。

ただ、実際に鼻をすする人が非常に多く見られるのも事実ではあります。手近にティッシュがないためなのか、単なる癖なのか、医学的知識がないのか、理由は分かりませんが、この悪習を根絶するためには、「全国民的鼻かみ運動」を展開して、その成果が出るのを待つしかない。

でも、そこまであなたは待てないでしょう。これはやはり、「そういう人が多いのは現実だ」と見切り、「気にしないようにするしかない」と喝破して、あなたが地道にやっているような、音楽を聴いて気を紛らわせる、「鼻をかんでくれ」と頼む、といった方法を根気よく行い続けるしかない。

あなたは「我慢は限界に近い」とおっしゃいますが、あなたがやっているのは我慢ではなく、音の不快を軽減するための現実的な工夫です。これを続けるうちに、音に多少は慣れてくる可能性だって十分あると思われます。

飼ってるカメ死んだら…心配
——いとおしくて勉強に集中できない

（10代女性）

高校生の女子。飼っているカメがいとおしくて、もし死んでしまったらと心配でたまりません。

カメは2匹いて、違う種類です。どちらも成長しても大きくはなりません。1匹目は家に来て5年目、2匹目は4年目です。

私が名前を呼ぶと、バタバタと動いて近寄ってきます。その姿がかわいくてかわいくて、息が詰まりそうになるぐらいです。

そのカメたちが、病気にかかってしまったので、病院に連れて行って診てもらいました。でも、私は学校が忙しく、早朝に家を出て帰宅も遅い生活ですので、頻繁には病院に連れて行けません。本当に心配です。

これほどまでに大切にできる宝物を持っている私は幸せだと思います。それだけに、この子たちがもし死んでしまったら、私はどうなってしまうのだろうと怖くなります。

あまりにもいとおしくて、勉強にも集中できません。

（東京・N子）

▼今を楽しむ方がカメちゃんにとっても幸せ
――動物をいつくしむやさしい心根　感動的

解決法アドバイス

愛するカメちゃんへの思いが切々と伝わるお手紙ですが、まだ生きているうちに死んでからのことをここまで心配されてもねー、という気がしないでもありません。カメちゃんたちがあなたのこの思いを知ったら当惑するのでは？　名前を呼ばれて行ってみたら、「いつ死ぬか？」と思われてた、なんてね……。

まあ「鶴は千年、亀は万年」などという表現もありますが、ともかくカメちゃんはとても長生きなんです。あなたより長生きかも……。

「あの子たち、少々の病気には負けない」くらいの思いで飼ってあげる方が平和なんじゃないでしょうかね。もちろん、すでに999年生きていて、1年以内に死ぬ可能性もゼロじゃありませんが、それは天寿を全うしたということですからね。幸せなカメの一生だったと思うことにして、今の交流を楽しむことの方がカメちゃんにとっても絶対幸せだと思う。

私からのアドバイスは以上なんですが、しかし、それにしてもあなたの動物をいつくしむ、やさしい心根。これは感動的です。この思いをずっと持ち続けて、命を大切にする大人になってくださいね。

告白するため、やせたい
——恋を前進させるための食欲コントロール法は

（10代女性）

高校2年の女子。好きな人ができて、今の体形を変えたいと思っています。でも、食欲が邪魔をして、減量がうまく進みません。

私の身長は150㎝、体重49kgで、目標は42〜45kgです。減量を決意して1年半ですが、変化は1・5kg程度。気持ちばかりで効果なしです。

原因は食べ過ぎ。摂取カロリーは消費する分を下回るべきなのに、腹8分目以上食べてしまいます。自分に言い訳をして我慢が続きません。体重測定をしたり鏡の前に立ったりするたびに落ち込みます。

筋トレや食事記録、ハードなスポーツの部活動は続けています。勉強や部活、趣味などは努力もいとわない性格で成果を出してきたのに、なぜやせられないのか悩みます。

保健の先生はこのままで良いと言いますが、やせて遅くとも2年生のうちに告白したい。やせたら必ず恋を前進させます。どうすれば食欲をコントロールできますか。

（三重・T美）

▼体重減少と恋の重さは比例せず
——部活、勉強、趣味を磨く方が生産的

解決法アドバイス

どうやったらやせられるかというご相談ですが、お手紙にある体重や身長などのデータを見ると、まったく肥満ということになりません。それに、よく食べてよく運動する健康的な生活ですから、保健の先生と同じく、「このままで良い」と言いたいです。

でもあなたは、ダイエットに挑戦せねばならぬと確信している。頑張り屋であるだけに、食べる度に敗北感を感じ、さらに頑張らねばと思ってしまうのですね。そもそも激しい運動をすれば、その分お腹が減るのは当たり前。これでダイエットしたら栄養状態に問題が出かねませんよ。

あなたの場合、やせ願望と恋を成就させたい女心が一体化しているようです。しかし、体重減少と恋の重さは比例するものなんですか？　これ以上、やせにこだわり過ぎると、不健康そうな感じになって、むしろ後退モードに入るのでは？　私はこの恋を応援したい。だから歯がゆいのです。もっと作戦を練るべきだ、と。

幸いあなたの生活は、部活、勉強、趣味と多彩です。こういう生産的な面をさらに磨くことの方が、ひたすらダイエットにこだわる作戦より成功率は高いと思いますよ。

口頭の注意　耐えられず

――私の考えや行動を肯定してくれないと嫌

（10代女性）

大学生の女子。18歳です。人から注意されたり、自分の考えを否定されたりすることが耐えられません。

誰かに下に見られているという事実を信じたくないのだと思います。それで、注意を適当に受け流していると、さらに相手を怒らせてしまいます。私のために注意してくれているのだと分かっていても、しっかり話を聞くことができません。私の考えや行動を肯定してくれないと嫌なのです。面倒な性格だと思います。

しかし、これからの人生を考えると、この性分は今のうちに克服しなければならないと、強く強く思っています。

私は読書が好きです。私に注意をするなら、紙に書いて渡してくれればいいのに、と勝手でばかげたことを考えてしまいます。

文字ならば大丈夫なのに、声で言われるとどうして拒絶してしまうのでしょうか。

（大阪・N子）

▼相手の意見を受け入れる姿勢を見せること
――不機嫌、逆ギレすれば遠ざけられる

解決法アドバイス

これはやはり直した方がよいですね。よかれと思って指摘したことに対して、不機嫌になったり、逆ギレされたりすれば、だんだん人はアドバイスしてくれなくなり、最悪遠ざけられることになりかねないですもの。

でも、心配ご無用。あなたはきっと修正できます。なぜなら、あなたは自分の問題点を適切に分析し、解決したいと「強く強く」思っておられるんですから！

ただ、指摘を紙に書いてもらったりすると、もっと腹が立つかも。ここはまず、相手を受け入れた姿勢を見せることを勧めます。「うーん。そういう見方があるのね」と、皮肉っぽくない雰囲気で言うこと。それで相手が「自分の意見を聞いてくれたんだな」と感じればしめたもの。その後のせりふは大して重要ではありません。

まあ、一呼吸置いてから、状況に合わせて言葉を決めることです。至極もっともな指摘と思えば、「うはっ。一本取られたな」でもよかろうし、相手もそれに対して「あなたの考えにも一理ある」と言ってくれるかもしれません。ちょっと自分と違うかなと思えば、「私のアイデアではダメですかねー」と頭をかきつつ言ってみるのも悪くないと思います。

心の弱い自分に嫌気
――私には一つも良いところがない

（10代女性）

19歳の無職女性。だめ人間の自分が嫌で、どうすればいいのかわかりません。高校2年の時に授業に出られなくなりました。カウンセリングや治療も受けましたが、単位が足りずに退学しました。留年する自信もありませんでした。

高卒認定試験には合格し、短期のアルバイトの経験はあります。でも、短期でない仕事はすぐ辞めてしまいます。人付き合いが苦手で、かつての友達とは、自分が嫌われていると思って、自らつながりを切ってしまいました。今、何をしているのとか聞かれると困ります。

長女なのに親や家族に迷惑をかけて申し訳ないです。私は心が弱いです。ちょっとしたことに傷つき、人が怖いです。誰でも一つは良いところがあるといいますが、私には何もありません。

今の嫌な状況を変えたい。でも動けない。焦っているのに、今更遅いとも思ってしまいます。アドバイスをお願いします。

（東京・M美）

解決法アドバイス

▼目標を「人に役立つことをする」に変える——小さなことでいいからはじめてみる

「内気すぎて、世の中に適応できない」という悩みを持つ人はとても多いんです。これもそんな相談ですが、あなたは性格を変える必要はありません。性格は個性であって、良いも悪いもないんですから。むしろ、目標を「適応する」から、「人に役立つことをする」に変えることを勧めます。

別に大それたことでなくて良いのです。部屋の片付けとか、玄関の靴をそろえるとか……。その気で見ると、世の中には必要とされているのにやる人が少ないことがたくさんあります。施設のお年寄りの話し相手をする、体の不自由な人を少し手伝う……。いくらでも広がります。「そんなことしても仕事につながらない」と思う必要はありません。目標は適応ではないのだから。ただ自分を呪い、運命を呪う人生を変え、「人に役立つ」ことだけを考えることから再出発する。そうすることで、自分自身をいくばくか好きになってほしい。

この回答は何だか説教くさいですけれど、私の知っているお年寄りで、「街に落ちているゴミを一つでも拾って、それから死ねたら十分幸せ」と言っている人がいます。この感覚さえあれば、他に多くは要らないと思うのです。

カラオケ楽しみたい19歳
――人前でマイクを持って歌えない

（10代女性）

19歳の大学生女子。カラオケが苦手です。私も大学生らしくカラオケをみんなと楽しみたいのです。

歌が上手でないことも理由の一つですが、それ以上にマイクを持って人前で歌うという行為自体が恥ずかしくてできないのです。

しかし、断ることで空気を壊したくないので、カラオケに行くことはあります。その場で歌わないでいると周りに気を使わせてしまうので歌いますが、恥ずかしくなります。友人が歌っているのを聞くのもいたたまれません。

歌がうまくなればよいのかと思い、勇気を出して一人で練習に行きましたが、効果はありませんでした。友達や彼氏と歌を口ずさんでいる時は楽しいですし、歌自体は好きです。

歌以外なら人前でマイクを使って話せますし、大勢の人と話すのも好きです。行かなければいいと思われるかもしれませんが、一緒に楽しみたいのです。

（埼玉・A子）

解決法アドバイス

▼恥ずかしいのは慣れていないからだけ
——発表会だと腹をくくって本格的に稽古する

たかがカラオケ、されどカラオケ。そんなに真剣に考えるようなものじゃないでしょ、適当にやっとけばいいじゃない、と言う声も聞こえて来そうですが、これで悩む人は存外に多い（実は私もその一人）。普通は「いかに逃げるか」を考えるんですけど、あなたの場合、「いかに好きになるか」が課題なんですね。

これはカラオケ練習を一段と強化するしかないと思う。カラオケは単なる遊びですが、あなたの場合、一種の発表会だと腹をくくって本格的に稽古するのです。それも一度や二度ではない。何十回も繰り返す。恥ずかしいというのは単に慣れていないからで、場を踏めばだんだん改善されるはず。

あなたは歌を口ずさむのは好きということですから、歌っているうちにきっとある程度うまくなる。もちろん紅白歌合戦に出ようというのではないのですから、持ち歌はほんの1、2曲で十分。稽古といっても、場に慣れる稽古なのです。カラオケの半分以上は、歌と言うより「場の雰囲気」ですからね。一人で少し慣れたら、観客も必要。彼氏に協力してもらって、まず2人でカラオケを楽しむ。それから……本格デビューですね。

先へ進めぬ自分にいらだち
――ダメな私を叱ってほしい

（10代女性）

もうすぐ20歳になる無職の女性。ダメな私を一喝してほしいのです。

高卒で工場に就職しましたが、8か月で退職しました。マイペースな性格で、テキパキと仕事をこなせず、先輩から注意されました。負けるものかと頑張りましたが、周りの足を引っ張るのがつらく、この仕事が向いていないと辞めました。でも、不安でいっぱいです。

私は将来、夢のために学校に通いたいのです。こつこつ頑張って費用をためなければならないのですが、こんな私にできる仕事があるのだろうかと思います。

ブラック企業に勤めたら嫌だし、面接に行くのもおっくうで、1年もたってしまいました。やりたいことがいっぱいあるのに、一歩も進んでいない自分にいら立っています。夢をあきらめず、すべての時間をささげるぐらい、がむしゃらに向き合いたい。働く意欲はあります。このままではダメな私を叱ってください。

（新潟・A子）

▼自分をダメ人間と定義しないこと
――「夢をあきらめず」という自分の言葉を大切に

解決法アドバイス

「いよっ！　頑張れ！」と、思わず大向こうから声をかけたくなるご相談ですね。もう答えは明らかです。夢に向かって頑張るしかない！　あなたもそれが十分分かっていて、「一喝してほしい」という要望になっているのだと思います。

ただ、前の会社での挫折体験と、それに続く無為な生活のことが今も影響を及ぼしているようです。

でもね、人間は時に気が弱くなって引きこもったり、自信をなくして後ろ向きになったりするものなんです。そういう時には、しばらく人生を休むことだってありだと思う。ここで大事なのは「自分はダメ人間だ」と自らを定義してしまわないことです。

あなたはいろいろとやりたいことをお持ちだ。成長したいという意識も人一倍強い。そして夢も。これらは全て活力の源泉であり、自分が変われるという可能性を物語るものに違いありません。多少失敗したとしても、自分の持てる特性を忘れてはいけません。

以上はあなたへの一喝になっていませんね。否、むしろ「夢をあきらめず、がむしゃらに向き合う」というあなたの言葉は、多くの人への喝として響いたかもしれません。

生きていく覚悟　決まらず（20代女性）
——人生を終わらせることを考え続ける

飲食店でアルバイトをする21歳の女性。生きていく覚悟が決まらないのです。私の人生は諦めから始まっています。小学校に入学した日、幼稚園で一緒だった友達が私立に進んだことを知って絶望しました。私は出遅れたのか、どんなに頑張ろうと越えられない別の人生がある、とむなしさと恐怖を覚えたのです。

それから、いつが自分の人生を終わらせるのに最適のタイミングかを考え続けて今に至ります。将来のための勉強や貯金などを自虐的に放棄し、一日一日をやり過ごすことで現実に抗議してきたように思います。しかし、ボンヤリと無駄に過ごすなんの生産性もない時間をどうとらえたらいいかわかりません。

学生時代とは違い、今はできる仕事を探して働き続けなければなりません。いよいよ嫌になるのです。淡々と日を送ることを受け入れ、明日を生きる覚悟を抱くにはどうしたらいいのでしょう。

（岡山・I子）

解決法アドバイス

▼もがき、あがく中ではじめて生まれる覚悟
——悩みに直面して真剣に考える姿勢こそだいじ

うーむ。小学生になるやいなや早速絶望して、以来悩み続けておられる……。

あなたくらいの年代の若者には、「夢なんて持ったって仕方ないし、面倒なことにあえて手を出さなくても、そこそこでよい」と淡泊に考える人が多く、「さとり世代」などと呼ばれるみたいです。しかしあなたの悩みには、むしろこれとは対極の重みがあります。

あなたの考え方をまとめると、次のようになります。「自分は敗北した。いったいどう生きたらよいのか、分からない。だから死ぬことを考えたりする。しかしそれより、淡々とつまらなく無難に生きる心境になれば、これを乗り切れるのではないか」。これはある意味、「悟り願望」とも言えます。

しかし、この背景には、意味のある人生を送りたいというあなたの強烈な問題意識が読み取れます。あなたは絶対ここで悟るべきではありません。若い世代に欠けがちの、悩みに直面して真剣に考える姿勢がそこに見られるからです。

明日を生きる覚悟。それは「まだまだ悟れない」とあがくことの中にあるのではないでしょうか。それがきっと何かを生む。そんな気がしてなりません。

存在価値に悩む女子大生
――「みんなのために」と努力することに疲れる

（20代女性）

20代の女子大生。自分の存在価値について悩んでいます。所属しているサークルでは、同期や後輩にとって、親しみやすく話しやすい人になろうと、率先して会話の輪の中に入るようにしています。悩みを抱えているメンバーとはしっかり向き合って、とことん話を聞いています。就職が内定した会社の同期の中では、飲み会の幹事を自ら引き受けました。

でも、周囲の人たちに「あなたは必要な人だ」「あなたがいてくれて良かった」と思ってもらえるように努力をすることに疲れてきました。また、このように努力しても、「みんなのために私は何の役に立っているのだろう」と自分自身がむなしくなって、一人で涙してしまうこともあります。

どのような気持ちを持てば、楽になれるのでしょうか。

（大阪・W子）

▼周囲に合わせることばかり気にしすぎ

――「自分を出す姿勢」を示すことが必要

解決法アドバイス

うーん。本当に自分に存在価値があるのか、と涙するほど悩んでおられるようですが、周囲の人はあなたのことをきっと「好人物だ」「気配りの人だ」と思っているに違いありません。なぜなら、あなたはどうやったらそのように評価されるかをよく心得た上で振る舞っているのですから。ただ、そのことにだんだん疲れてきたというわけなのですね。

では、この疲れの原因は何でしょうか？　相談文には、「『必要な人だ』と思ってもらえるように努力する」とあります。ここがポイントのように思えます。

「必要な人になる」ことと、「必要な人と思われる」ことは微妙に違います。そして、あなたの力点は「人からどう思われるか」に置かれているのかもしれません。そうだとすると、いつも相手の顔色を見て、周囲に合わせることばかりにエネルギーを使うことになり、疲れがたまります。

ここは多少「自分を出す姿勢」を示してはどうでしょう。そうしたからと言って、あなたが自分勝手になるおそれはありません。あなたの思いやりの持ち味は、努力しなくても、自然に発揮されるに違いありませんから。

潔癖性の母に振り回される　（20代女性）
——髪の毛一本落としても怒る

20代の女子学生。どうすれば潔癖性の母に振り回されずに生活できるでしょうか。

母は私が子どもの頃に離婚し、今は私と2人暮らしです。床に髪の毛が一本でも落ちているのを見つけると、「髪の毛を落とすなんて不潔。落ちた毛を拾わないのはおかしい」とヒステリックに怒ります。

母の言い分は理解できるので、私は髪の毛を落とさないようきっちりと結び、毎日すべての部屋に掃除機をかけています。

正直、これまで一生懸命に髪の毛を拾ってきました。でも、私は潔癖性ではないので見落としがあり、母にどなられます。どなられるストレスで髪の毛が余計抜ける悪循環で、このままだとはげるのではないかと怖くてしょうがないです。

最近、母は「あなたはわざと髪の毛を落として、私を苦しめて喜んでいる」などとも言うので困っています。

（広島・N子）

解決法アドバイス

▼まともに相手にせず ユーモアで返す
――周囲が合わせせるほど要求はエスカレート

うーむ。髪の毛一本だって許さないんですか……。このご要望に応えることは、はっきり言って無理ですよ。母上の潔癖性は単なる「きれい好き」のレベルをはるかに超えていますもの。あなたは「母の言い分は理解できる」とおっしゃいますが、理解しすぎでしょう。これはあなたの抜け毛が激しいからとか、あなたが不注意だから、などと、あなたの側の問題点としてとらえない方が良いです。

つまり、母上側の問題だとまず認識することから出発すべきです。なぜなら、この不合理な要求に周囲が合わせれば合わせるほど、要求はエスカレートして、かえって母上自身が苦しむ結果を生むような気がするからです。

ではどうしたら良いのか？「私は出来るだけのことをやっている。これ以上無理」とぴしっと言うべきですが、それでは母上がかんしゃくを爆発させるだけかもしれません。

私だったら、まともに相手にしない、という方向で考えます。あなたがこのお手紙で書かれていることをヒントにすれば「そんなにガミガミ言うと、ますます私の髪の毛がたくさん落ちることになるわよ」くらいのほのかなユーモアで答えてはどうでしょうか。

運転やめない90代祖父
——車に乗りたいと言い出し　中古高級外車を購入

（20代女性）

大学に通う20代の女性。90代半ばの祖父に、車の運転をやめさせたいのですが聞く耳を持ちません。

祖父は老齢になってから何度か事故を起こしたことがあり、「もう乗らない」と約束していました。それなのに、急に「車に乗りたい」と言い出し、誰にも相談せず中古の高級外車を購入しました。家族は大慌てで説得しましたが、「俺は運転がうまいんだ！」と自信満々です。

この件で祖父と父は口論が絶えず関係は最悪。最近は、「お前のおやじに口出しするなと言っておけ！」（祖父）、「事故を起こしたら誰が面倒見るんだと言ってこい！」（父）、などと私が板挟みになっておりウンザリしています。

祖父に好きなことをさせてあげたい気持ちはありますが、体の衰えは隠せず、やはり心配です。自信過剰な祖父をどう説得したらいいでしょうか。

（東京・K子）

解決法アドバイス

▼かわいい孫だからこそできる戦略
——おじい様のプライドをくすぐりつつ説得

お手紙から判断するに、おじい様の運転にはかなりの危険性が伴いそうですね。しかも、それを自分で認識できていないから、運転をやめさせるのは至難の業だと思えます。

私は、おじい様と父上があなたを介してやりとりするようになっていることに注目したいです。これはあなたにとって板挟み状態ですが、解決の糸口になるかも。

父上は正論を真正面からぶつけるだけなので、おじい様がますますかたくなになるのです。そこをあなたが翻訳（あるいは意訳）して、「お父さんもおじいちゃんの運転がうまいってことは評価してるのよ」とおだててから入る。次いで「でも事故もあったし、心配してるのよ。おじいちゃんの運転歴を汚したくないのよ」「これは皆の気持ちよ」と、あくまでソフトに攻める。そして「おじいちゃんはああいう高級車の後ろ座席の方が似合うんじゃない？　これからはお父さんに運転手をさせればいいじゃない？　ちょうどよいお抱え運転手よ」と付け加える。

つまり、あくまでプライドをくすぐりつつ説得するのです。これはそもそも、かわいい孫が言うからこそ生きる戦略だと思います。がんばって！

親がスマホのゲームに夢中　（20代女性）
——一緒にいる時ぐらいはやめてほしい

大学生の20代女性。スマートフォンのゲームにはまる親をどうにかしたいです。

私や妹は、親より先にガラケー（従来型の携帯電話）からスマホに替えました。当時、親は私たちに「携帯ばかり触るな」「依存症になるぞ」などと注意してきました。

ところが、親自身がガラケーからスマホに替えると、ゲームにはまるようになりました。家にいる時はもちろん、外出先や旅行先でもずっとゲームをしています。食事中もです。目の前でゲームをされるのは腹立たしいです。

親はゲームにはまるようなタイプではなく、ガラケーを使っていた頃には考えられないことでした。ゲームをするなと親に言う権利はありませんが、一緒にいる時ぐらいはやめてほしいです。

一度、そのように言ったことがありますが、「あと1回だけ」と言われてしまいました。どのように親に伝えたらいいでしょうか？　（大阪・K子）

解決法アドバイス

▼子どもに注意するのと同じことを言って聞かせる
——老若男女問わずゲームに熱中する時代の現象か

うーむ。子どものゲーム依存に悩まされる相談はよくあるんですが、これは親のゲームで子どもが悩む状況ですか。でも電車の中を見回しても老若男女を問わず、ゲームに熱中している人は多いですから、この相談もそれほど不思議ではないのかも。

この場合、子どもに注意するのと同じことを言って聞かせる必要はあります。つまり、「時間を決めてやる」「食事の時や人と話している時はやらない」などのルールを決めること。子どもだからこそ付け加えたいこととして、「親がこんなんじゃ恥ずかしい」「子どもとしてとても心配」「私が同じようにゲーム中毒になってもいいの?」などの殺し文句はあるかも。

それでもやめないようなら、あえて親の前であなたがゲームをやりまくるのはどうか? 食事の時も続ける。そうすると、家じゅうがゲーム漬けになって、異様な雰囲気が醸し出される。さすがに親も「これはいけない」と思って、やめてくれるかも。

ただ、これは究極の捨て身の方法で、「ミイラ取りがミイラになる」、つまりあなたが本物のゲーム依存になるリスクがあるので、よほど注意が必要ではありますが。

合わない病院　替えていい？（20代女性）
――何年も世話になり、気が引ける

20代の女性。大学生です。精神科に通院しているのですが、病院を替わっていいものか悩んでいます。

その病院には5年前から通っていますが、最近、自分には合わない気がしています。以前に比べ病状は良くなったものの、どうしても本音が言えなかったりするのです。

周囲の人からは「病院替えたら？」と助言してもらいました。でも、今の病院の先生には何年もお世話になっていますので、気が引けます。

もし、自分と相性のいい先生に出会えたら、病状はもっと良くなるかもしれません。しかし、病院を替えるのは、今の先生を信頼していなかったからであり、頼りにならないから見切りをつけた、とも言えます。

替えたら替えたで、今度は申し訳ないという気持ちを抱き続けることになりそうです。

私は考えすぎなのでしょうか。アドバイスをお願いします。（茨城・T子）

▼主治医を替えることを気にする必要なし
――前の先生が良かった場合は戻ればいい

解決法アドバイス

これは結論から先に言えば、「患者さんの希望で主治医を替える」ことは医者の世界では日常茶飯事ですから、全く気にすることはありません。患者さんがよそに移ったことで怒るような医者のもとからは、早く去った方がいいとすら思えます。

ただそういう感情面の要素は別にして、長くかかっている医師は経過をよく知っているという意味で、重要な存在であり続けます。あまりいい表現ではありませんが、「ドクターショッピング」という言葉もあって、医者を渡り歩く患者さんもいますが、病歴の蓄積が難しくなり、患者さんにもプラスではありません。この場合、医者との相性が悪いのか、患者側の人間不信の結果なのか、区別が必要です。あなたの場合、今の先生にものすごく気遣いされていることからして、安易な不信感の表れではないと思います。

担当を替えた結果やはり前の先生が良かったと思えてくる場合も結構あります。その場合は、元の医者に戻ればいいのです。そういうことは私にも経験があって、「私の真価にやっと気づきましたね。フッフッフッ」と半ば冗談で返し、また治療を続けました。

うそつく自分が嫌になる
——本当のことを言うのが気うつ、不安になる

（20代女性）

20代女性。うそをつく癖が直らなくて困っています。

人をだまそうと思ってではありません。「いいえ」と言えないのです。例えば、何気なくおもちゃを見ていた店で、店員さんから「お子さんおいくつ」と聞かれると、いないのに「3歳です」とつい答えてしまいます。美容院で「彼氏どんな人？」と聞かれると、実在しない彼氏のことを詳しく説明します。「いないです」と言って沈黙されたり、場の空気が変わったりするのが気まずくて、面倒くさくて。

店に問い合わせの電話をした時やタクシーを呼ぶ時も、偽名を名乗ってしまいます。覚えられたり、知られたりするのが嫌なのです。ソーシャル・ネットワーキング・サービス（SNS）などで、堂々と本名で私生活をさらけだしている人をうらやましく思います。

うそつきな自分が嫌なのですが、本当のことを言うと、どうしてか気分が悪くなったり不安になったりします。私はおかしいのでしょうか。（徳島・E子）

▼あなたのうそは恥ずかしがり屋の証
――悪気がなくても友人を失いかねない

解決法アドバイス

「うそつきは泥棒の始まり」という言葉もありますが、あなたは泥棒になる心配は無用です。だって、あなたがうそをついても誰も迷惑しないし、ご自身にも何の利益もないのですから。これは自分を見せたくないという心理的防衛、まあ一種の恥ずかしがり屋にすぎないと思います。

だから、二度と会わないような人に対してなら、今のままで構わないんですが、よく会う知人や同僚に対してもこの癖が出ると、かなりまずいかも。しゃべったうその内容を覚えておかないと、後で矛盾が出て、「何を考えているかわからない人」という評価を受け、信頼が地に落ちて、下手すると友人を失いかねません。

これを防ぐには、しゃべったことを相手ごとにノートにメモして整理しておき、次に会う時に備えて、予習・復習をするという方法はどうでしょうかね。これははっきり言って相当な手間です。こんなことするくらいなら、他にやることがあるかもしれない。でも着実に実行してみてください。そのうちに、ばかばかしくなって、単純にうそをつかない方が楽だ、と思うようになればしめたものです。

人生に意味　見いだせない　（20代女性）
——死を意識する大病後、生きる意欲がわかない

20代会社員女性。一応、良いことも嫌なことも経験してきました。でも、過去にどんなことがあっても、時が過ぎれば「どうでもいいこと」になります。すべてが無意味に思われて意欲がわきません。

こんな風に感じ始めたのは、数年前に死を意識する大病を経験し、「死んだら、これまで自分がやってきたことも全部なくなるんだな」と思ったのがきっかけです。幸い手術は成功しました。

以来「何をしても意味がない」と思ってしまいます。その一方で、何にでも一生懸命な人を尊敬します。同じ病気で命を落とす人もいて「何かしないといけない」とも思うのです。

こんな私への意見を聞かせてください。「たとえ今の時点だけでも良いことをすることには意味がある」という答えを期待しています。私自身そう考えたくても、納得することができないでいます。

（千葉・H子）

解決法アドバイス

▼「良いことをしても意味がない」への反証
――「良いことをする」が人類存続の前提だから

うーん。これはまるでソクラテスか、お釈迦様と対話しているような哲学的な内容ですね。しかもお手紙の最後には「こういう答えを希望する」と具体的に回答が書いてある！　こんなご相談初めてです。

正面からこの問題に取り組むと難しいことになりますが、まずあなたの答えと反対のこと、つまり「良いことをしても意味がない」というのが正解だとして考えてみます。

すると、ものすごくおかしなことになります。何しろ悪いことをしたって良いことをしたって同じなんですから、道徳や倫理はおろか、宗教、法律も無意味になって、まあ人類もこれまで続いて来られなかったんじゃないか。だから、突き詰めて考えなくても、「良いことをする」のは人類にとって「自明のこと」とされているのだと思う。その自明を強化するために、「神様が見ている」「来世で報われる」という、うんと宗教的な考えもありうるのかも。

うむ。この命題はつい力が入ってしまいますが、結論としては、あなたの希望する「今の時点で良いことをするのに意味がある」という答えに賛成。いや、それしかない。そして、これを基に生きる力を再構築すべきです。

他人に自分の考え言えない　（20代男性）
――幼い時にからかわれた経験　消えず

20代半ば、フリーターの男性です。自分の考えや気持ちを他人に対して話すことができません。

幼い時に言葉を話してバカにされたり、からかわれたりしました。周りの人たちに悪気はないと思うのですが、嫌な思いをしました。

そのためか、大人になった今でも、意見や主張を言えずじまいです。「他人はすべて正しく、自分は間違っている」と感じ、他人に従うことしかできません。反論すると、その人のことを否定してしまうのではと恐怖を感じ、自分の存在をゼロにして黙っています。

当然、いつも一人でいることがほとんどです。相談できる人もいません。一人でも寂しいと思うこともなく気にしなくなりました。

自分の考えを主張できるようにしていくべきか否か、思い悩んでいます。この手紙も、言いたいことが伝わらないのではと怖さを感じます。この先どのようなことをすれば、きちんと生きていけるのでしょうか。（千葉・A男）

解決法アドバイス

▼相手の考えの「受け入れ方」を変えてみる
——黙って聞くだけでなく、整理して返す

何よりもまず、ご自分の考えがきちんと整理されている、とてもわかりやすいお手紙に感心しました。そして、これほど考えをまとめる力があるのだから、この調子で人に接すれば良いのに……とも思いました。

しかしあなたは人との接触に恐怖を感じ、生き方が消極的になっている。「一人でも寂しくはない」と言われつつ、お手紙には寂しさが感じられます。

これは「あなたの言葉をそこまで敏感に評価する人はいませんよ」「何か言うとバカにされるという子どもの時の思いからいいかげんに卒業しなさい」と言うのがアドバイスなのかも。でもよくよく考えてみると、「相手の考えを受け入れる」というのは、あなたの一種の処世術のような気もする。ただ、機械的に受け入れるだけでは、圧倒されて終わりになる。

そこで、黙って聞くだけでなく、相手の言ったことを整理して返せば良いのでは？「あなたは○○○とおっしゃるんですね。なるほど」みたいに。そこから会話が生まれるし、相手も好感を持つかも。たとえ一挙に大変身できなくても、少しずつ人間関係を発展させていくことが大事だと思います。

眠るたびに夢 安眠の妨げ　（20代女性）
――現実に起きているかのように感じられる悪夢

20代の会社員女性。私をずっと悩ませている夢との付き合い方を教えてください。

物心ついてから今にいたるまで、私は眠るたびに夢を見ます。そして、夢は延々と私の眠りを妨げるのです。

子どものころは、見知らぬ人に追いかけられる夢が大半でした。今はそれに加えて、何かを探し回ったり、家に帰ろうとしてもなかなかたどり着けなかったり、ほかの人から暴力をふるわれたり。様々な夢を見るようになりました。

夢を見ている間、夢の中の出来事は、すべて現実に起きていることのように感じられます。そのため、寝て肉体的な疲労感はとれますが、精神的な疲れは解消されるどころかたまる一方です。

ただでさえ、起きている時はストレスを抱えてしまうことが多いのに、睡眠時にまでストレスを感じたくありません。

（北海道・H子）

▼いかに夢への関心を薄めるか
――見た夢の内容を考えず、現実に注意を向ける

解決法アドバイス

「今夜は良い夢を見るぞ！」と決意したって、なかなか夢の世界は思うようにならないもの。とは言え、悪夢に悩まされるのはやはり何とかしないと……。

なぜこんなに悪夢が続くのか？　精神分析学者のフロイトは夢についてこんなことを言っています。「多くの人は夢に関心をあまり持たないから、夢を見てもすぐに忘れてしまうのだが、いったん夢に注目するとたくさんそれを見るようになる」と。これでいくとあなたの場合も、「見たくない！」「見たくない！」と夢のことばかり考えるので、かえって夢が増えてしまい、眠りを妨げる結果になるのかもしれません。

つまり、いかに夢への関心を薄めるかがポイントでしょう。たとえば嫌な夢を見ても、「うむ。今回のはなかなか名作だったな」くらいに軽く考えて、徐々に流すようにする。朝になって前の晩に見た夢の内容を考えたりしない。ふだんの生活でスポーツ、趣味、娯楽、交友とか、いろいろな活動をして、夢以外のことに注意を向ける。

いずれも平凡ですが、徐々に実行すれば、夢の方でも相手にされないと悟って、次第に撤退してくれそうな気がします。

病気で退学　引きずり悩む
――「自分も元気だったら…」と悔しさ消えず

（20代女性）

20代の女性。病気で学校を退学したことを、ウジウジと考えてしまいます。目指す職業のために進学した学校ですが、昨年辞めて、実家で療養していました。大幅に回復したので、退学は間違った決断ではなかったと思います。

今は通信講座で医療系の資格取得を目指して勉強をしています。私には闘病を支えてくれたパートナーがおり、結婚も決まっています。だから、今の道もいいじゃないか、ここから頑張ろうと気持ちを切り替え、自分なりに前を向こうとしています。

しかし、一方で、学生時代の友人の様子をＳＮＳやメールで知る度に、「自分も元気だったら今頃は……」と思ってしまいます。どこかで、学校を辞めたことを引きずっており、悔しさが消えません。この春に同級生が社会に出るので余計そう思うのかもしれません。

どうしたら、この気持ちにけりをつけられるでしょうか。　（愛媛・Ｊ子）

▼「これで良かったのだ」と過去を肯定する
――闘病を支えた彼の存在が最高の得

解決法アドバイス

人間万事塞翁が馬と言いますので、過ぎたことの何が良かったか悪かったか、本当は誰にも分からないのです。これは「過去にこだわるのが損か、得か」と考えるのが一番シンプルだと思います。

まず、過去は変えられないから、それを取り戻そうとしても疲れるだけ損です。友人と自分のことを比較して何か生まれますか？　これも無意味な分、損でしょう。

では得になる考えは何か？　善しあしが判定できない以上、「これで良かったのだ」と考える方が得なんです。過去を肯定的に見れば、未来も希望的に見えてくるものです。

このように損得勘定すべきなんですが、お手紙を読めば、あなたはまさにそういう思考法をしていることが分かります。「退学は間違った決断ではなかった」「今の道も良い」「これから頑張ろう」「自分なりに前を向こうとしている」

これは「いよ！　大統領！」と大向こうから声をかけたくなる台詞《せりふ》です。いずれも過去にこだわり苦しんでいる人に与えたい言葉ですよ。そして何より、あなたをいつも支えてくれた彼のこと。これを得と言わずして何と言うのでしょうか？

彼が二股　怒り消えず

――再び出会い系サイト利用せぬかと邪推

（20代女性）

20代の女性。２年ほど付き合っている彼に二股をかけられました。許したつもりでいながら、今でも怒りがわき上がってきます。

相手は出会い系サイトで知り合った女性で、関係は数か月に及びました。私の就職活動がうまくいく一方、自分はうまくいかないので、現実逃避でやってしまったのだそうです。

この件が発覚し、しばらく距離を置きましたが、彼が反省しているのを見て、現在は付き合いを再開しています。

でも、時折、ニュース番組などで出会い系サイトのことを目にすると、激しい嫌悪感がわき、怒りがぶり返してきます。また出会い系サイトを利用するのではないかと邪推してしまいます。そして、彼にあたりそうになったり、実際にあたったりしてしまう自分に嫌気がさします。

彼への好意はあります。このような状態から脱却するにはどうすればよいのでしょうか。

（長野・E子）

▼簡単には許さない
――愛しているから怒っていることを示す

解決法アドバイス

私はあなたの怒りはもっともだし、むしろ、しばらく怒っているべきだと思いますね。ここで簡単に許して、全部忘れてカラッとした付き合いを再開しているとしたら、彼のことを本当に愛しているのか、ギモンになります。

もっと言えば、彼は今後も要注意ですね。「就活がうまくいかないから、現実逃避した」というのは理屈になっていない。現実の中にはあなたという現実もあったわけで、そこからも逃げたことになる。今後もあなたから何かと逃げるという確率は残念ながら低くはないように思います。これは「邪推」じゃなく、女の勘と言うべきでしょう。

だから、あなたは怒って警鐘を鳴らすべきなんですが、ただじくじく慢性的に彼を責め続けると、彼は嫌気がさして、早速「現実逃避」に走るリスクもある。そうなると、別れのモードに入ってしまう。

これを防ぐのは、やはりあなたの愛の姿勢でしょう。基本的に好意をもっている、だから残念で怒ってしまうのだ、という点を態度や言葉で常に示すべきです。それができるかどうか、今後のお二人の関係はそれにかかっていると思います。

会社のつらい思い出に涙
――心の傷 癒したつもりなのに

（20代女性）

20代の会社員女性。以前勤めていた会社でのつらい思い出が急によみがえり、涙が出てきてしまいます。

私は専門学校を卒業後、医療系の技術職として2年間働きました。そこでは、いくら懸命にやっても仕事の精度やスピードを上げられず、ほぼ毎日のように怒られていました。帰り道ではいつも泣いていて、死にたいと思ったほどでした。

その会社を昨年辞め、今年の春から別の会社に就職、事務系の仕事をしています。ところがスクーターを運転しての帰り道に、なぜか突然つらかった前の会社での出来事を思い出し、ぼろぼろ泣いてしまうようになりました。

1年間の就職活動を通じ、心の傷を癒やしてきたつもりなのに、なぜまた、あの頃のつらい思い出が頭に浮かんでくるようになったのでしょうか。

どのように気持ちの整理をつければよいのか、アドバイスをお願いします。

（埼玉・O子）

▼つらさ乗り越えたことを喜びに
──嫌な過去もやがては懐かしい思い出となる

解決法アドバイス

なぜ、今頃になって嫌なことを思い出すんでしょうかね？　仕事が終わってほっとした時に気持ちが緩んで気弱になるのか、以前の帰り道とどこか風景が似ていて、条件反射みたいに当時のことが浮かんでくるのか……。

まあ、推察はいろいろできますが、あまり「なぜこうなるのか？」という原因の探求にこだわったってしょうがないでしょう。要は痛めつけられた過去に、また痛めつけられないことが大事です。

そのためには、たとえば、「あの頃に比べると今は何て幸せなんだ」「私はあのストレスを見事に振り切ったのだ」などと考えて、一人でほくそ笑んでみてはどうですか？　過去の思い出にぼろぼろ泣きながらほのかに笑うなんて、まさに「泣き笑い人生」ですが、生きるってそういうことじゃないんでしょうかね。つらいこと、悲しいことがあって、傷つけられたり教えられたり……。なかなか忙しいのですが、そういう道をたどるうちにいつのまにか実力がついて、やがてつらい過去も懐かしい思い出になる。そのプロセスをあなたは歩んでいる。それまでの泣き笑いだ。こう考えてはいかがでしょう。

自分勝手な父　母がふびん
――理解できない亭主関白ぶり
（30代女性）

30代の専業主婦。夫と子どもと一緒に、私の実家に住まわせてもらっていますが、60代の父を見ているとイライラします。

実家の父母は、自営の仕事をしています。父は自分の仕事が終わっても、一切母を手伝いません。先にお酒を飲んで、片づけもしません。飼っているペットの面倒もみません。いつも自分勝手ですぐに怒り、特に母には強くあたるので、母がふびんでなりません。

この前もスマートフォン（高機能携帯電話）を買って「最新型だ」と上機嫌だったくせに、使い方がわからなくなって「誰か（自分の）スマホの使い方を覚えてくれなきゃ困る」とキレていました。自分で覚える気はありません。

亭主関白といえばそれまでなのかもしれませんが、私には理解できません。母はもう年だからと諦めてしまっています。私の視野が狭いのでしょうか。これからの心の持ち方を教えてください。

（埼玉・B子）

解決法アドバイス

▼ここまできたら一種の暴力
――長年の思い上がりをたしなめる手段を考える

父上の身勝手な振る舞い。まあ、暴力を振るうわけでなし、スマートフォンの件など、むしろかわいいもんじゃないか、このくらいなら許容範囲だ、という見方もあるかも。でも私はやはり「亭主関白」というレベルを超えていると思いますね。ひたすら耐える母上への思いやりが全く感じられないのは、やはり一種の暴力でしょう。

ただこれは、正面突破は無理ですね。つまり、「もっと優しくしてあげて」と懇願しても、「わかった。そうする」とはならない。「自分にはわがままを言う権利がある」と長年にわたって思い上がっているのでしょうから。こんなに威張り続けられるのも、家族の我慢が前提にあるからであって、それなしでは一挙に崩れる空威張りに過ぎない。この事実を突きつける必要があります。

それには、「お母さんは傷ついて、ほとほと嫌気が差している。このままだと、家出して家庭崩壊になる。熟年離婚になる」など、少し脅かすことが必要だと思います。たとえば、一度母上に少し長い旅行にでも出かけてもらって、母上がいないといかに困るかを実感していただくという手もあるかもしれません。

酔うと暴れる夫 疲れ果てた
――出て行く勇気なし、私の我慢が足りないか
（30代女性）

3人の子どもを持つ30代主婦。酒飲みの夫に疲れてしまいました。夫はほろ酔い程度なら、楽しく過ごせますが、飲み過ぎると暴言をはきます。私には手を出しませんが、ものを壊したり、大声を出したり。晩酌で4リットルの焼酎を1週間で飲んでしまいます。

普段は良い夫、良いパパで、子どもたちを公園に連れて行ってくれたりもします。私が酔った時の話をしても、酔うと記憶をなくすので「ゴメン」と一言で片づけ、「いつまでも引きずるな」と怒ります。結婚前は禁酒をしたり、反省文を書いたりもしたのに、すっかり変わってしまって、最近は口げんかばかりです。

「完璧な人はいない」「子どものため」と我慢してきましたが、限界です。家を出ようとも考えましたが、出て行く勇気がありません。一度きりしかない人生、この生活を続けることに意味なんてあるのでしょうか。それとも私の我慢が足りないのでしょうか。

（埼玉・I子）

解決法アドバイス

▼典型的なアルコール依存症
――あなたの我慢はご主人のためにならない

世にアルコール依存症というのがありますが、これは大量飲酒、酒乱で周りに迷惑をかけているのに本人は言い訳ばかりして一向にやめる気がない、という状態です。ご主人の場合、残念ながらぴったりこれに当てはまりますね。こうなると人生案内というより、医療相談になりますが、ご家族が我慢して生活していると、もっと悪くなって、肝障害も出ますし、脳の萎縮や肝硬変、幻覚症状へと進む可能性大です。つまり、我慢するほどご主人のためにならないわけです。

したがって、いかに医療にかからせるかがポイントと言わざるをえませんけど、いくら勧めても、「それじゃ治療するか」とはなかなかならない。また何らかの言い訳をするだけで、動こうとはしないでしょう。それでもしつこく言い続けるしかないんですが、あなた一人で背負い込むのは苦しすぎます。

親族、きょうだいから友人、上司など、動員できる人総出で対処できれば、成功率は高くなるかも。その場合、精神的な問題を強調するより、肝臓が悪くなる、あなたの体が心配、という身体的な問題を主体に攻める方が、拒否反応は少ないでしょう。

新婚の妻　婚前から不倫
――ショックで眠れず、食事もできない

（30代男性）

30代の男性会社員。10年近く交際し、今年結婚した妻が不倫をしていました。相手は妻の同僚で妻子持ち。私との結婚や仕事の悩みを相談するうちに関係したそうです。婚姻届の提出直後に告白され、ショックで眠れなくなりました。相手と連絡したり、会ったりしないよう何度も頼みましたが、妻は聞き入れません。「相手と再婚する」「その人を好きな気持ちは変わらない」と言われました。

そして突然、相手の男性が家に来て「今後、奥さんとは会わない」と別れ話をしました。携帯電話の番号やメールアドレスを消し、謝罪を述べていきましたが、私は到底彼を許せません。

妻は連絡もしないまま帰宅が遅くなり、ことあるごとに「結婚しなければ良かった」と言います。夫婦生活もありません。不倫を知ってから、寝ても疲れがとれず、食事もできません。離婚も考えています。どうしたらいいのでしょうか。

（埼玉・K男）

解決法アドバイス

▼元のさやに収めようという努力の必要なし
――まだ若い　次の幸せのチャンスを求めるべき

離婚相談は何とか元のさやに収めようという方向から出発するのが普通なんですが、あなたの場合、奥様が不倫しているのは明確、あなたより不倫相手が好きで、結婚しなきゃ良かったと露骨に言われている。よくここまで言われたものだと、妙に感心するくらいです。おまけにあなた自身も離婚を考えているとおっしゃる。これはもう結論が出ているわけで、相談するまでもないと思えます。

ではなぜ相談？　確かに結婚直後に不倫を告白というのもひどいし、相手の男性が謝罪に訪れるというのも、むしろ侮辱以外の何物でもない。さらに、奥様は不倫をやめていないニュアンスもある。これらの理不尽なやり口への怒りをどこに持って行ったら良いかわからない、ということなのでしょう。

だとすると、「とんでもない女性から早く逃げられて良かった」と思うことを勧めます。二股かけて結婚したわけで、とんでもなく不誠実。これ以上婚姻を続ければ、また利用されるだけのことだろう。自分はまだ若い。次の幸せのチャンスを待つことができる。このような考え方によって、睡眠と食欲が回復することも祈ります。

占いに惑わされる30代男性（30代男性）
——占い師の予言でノイローゼになりそう

30代の自営業男性。占いが気になって、四六時中頭から離れません。

占いなんて当たるわけないと、軽く受け流せれば良いのですが、どうしても興味を引きます。先日、書店で占い本を立ち読みしたら、過去の人生を振り返って「的中」していたことが多々ありました。その占いによると、私の今年初めの運勢は「最悪」だそうです。正月早々占いが当たり、病気で1週間仕事を休む羽目になりました。

メディアが発達した今、占いを目にしない日はありません。朝に「何月生まれは運勢が悪い」と言われて気分がいい人はいません。占いを社会に公開すること自体控えてほしいのです。

自分の人生は自分の努力次第であり、他人に運勢の良しあしを言われる筋合いはありません。でも、的中までするとと心が不安定になり、占い師の予言に惑わされてノイローゼになりそうです。占いなんてなぜこの世に存在するのでしょう。

（群馬・A男）

解決法アドバイス

▼占いに惑わされない解決法は二つ
——信じるのをやめるか　信じても絶対に見ないか

これはなかなか鋭い指摘が含まれているお手紙です。まず「占いはなぜこの世に存在するのか」というご質問ですが、「占いを信じる人のために存在する」と答えられると思います。占いを全く信じない人は関心がないので、それがどこに出ようと関係ない。したがって、憤りも感じない。

一方、占いを信じる人は、それが気になるわけです。そして、あなたは明らかに占いを信じている。その結果は重大関心事で、そんなものがメディアに大手を振って出ては迷惑だ、と考えるのも理解できます。これはどこか、サッカーが大好きなファンが、「サッカーがテレビに出るとつい見てしまうから迷惑だ」と言っているのに似ています。

そうなると解決法ですが、二つあると思います。一つはあなたが見事に指摘しているように、「人生は自分の努力次第」と喝破して、占いを信じるのをやめること。そうすると、どこに占いが出ようと無敵です。二つ目は占いを信じ続けるのですが、絶対それを見ないこと。占いはあなたのためにあっても、見なけりゃ、これも無敵です。

このどちらかでやってみましょう。グッド・ラック！

結婚に反対する両親
——いつまでも親の囲いの中で生きる運命か

（30代女性）

30代の働く女性。父と母は不仲で別居しており、私は母と暮らしています。私には結婚を前提として付き合っている彼氏がいます。一緒に暮らしたいのですが、両親に邪魔をされます。

彼は40代でバツイチ。彼があいさつに来たときに、父は年収、貯金、最終学歴など、用意していた20項目の質問をしました。彼は塗装業で年収は350万円程度、学歴は大学中退です。それを聞いた父は「あんたには魅力がない。だから離婚したんだろ」と彼を傷つけ、彼のご両親にも「縁がなかったと思ってほしい」と電話などで伝えました。母も彼と私が会っていることを察すると「帰ってきて」と連絡してきます。

私は職場が原因でうつ病になり、今は回復している最中です。主治医は親の囲いの中で生きてきた私に、自分の人生を歩むよう勧め、親も子離れが必要だと言います。私は結婚も許されず、いつまでも親の囲いの中で生きなければいけないのでしょうか。

（東京・M子）

解決法アドバイス

▼囲いの外に飛び出す決断を
――結婚に踏み切り、両親から独立する

これはすでに答えが出ている相談ですよね。あなたは30代の大人。彼と結婚したい。そこははっきりしている。でも両親は反対。こういう場合、当然あなたの意見が優先される。他の回答はありえないような……。

そりゃ彼は大金持ちではない。それにバツイチ。でも、それも含めて、あなたは結婚したいんでしょ？　決めるのはあなたで、あなたがこの結婚の責任を取る、と言えば済むことです。それとも、あなたはやはり責任が取れない。両親の判断が必要なんでしょうか？

ここであなたの主治医の意見、「自分の人生を歩め」。これが生きてくる。今ですよ！　このアドバイスを生かすのは。

あなたは「いつまでも囲いの中で生きなければいけないのでしょうか？」と、まるで他人がそうさせているかのように問いかけられていますが、囲いの中で生きるのか、外に飛び出すのか、決めるのはあなた自身じゃないですか？

このように考えると、これは単なる結婚の問題だけではなく、両親からの独立というあなたの背負っている人生の大きなテーマ、それに今直面していると言えそうです。健闘を祈ります。

トイレで大を流さない夫
——顔も洗わず、歯も磨かず、風呂も入らず

（30代女性）

30代の主婦です。子どももいますが、結婚以来、夫について「信じられない」と思うことがいろいろあり、戸惑っています。

例えば、夫は朝起きても顔を洗わず、歯もほとんど磨きません。夜は風呂に入らず、テレビを見ながらソファで寝てしまいます。

あとは、これが一番やめてほしいのですが、トイレで大を流し忘れることもしばしば……。私の実家でも忘れたことがあり、外でもそうなのではと心配です。

仕事熱心で家族のために頑張ってくれている夫には感謝していますし、大切な存在であることは変わりません。ですから、育児にあまり協力しなくても、家でだらだらしていても、疲れが取れるならとうるさく言わないようにしています。でも、ちゃんと風呂に入ってベッドで寝た方が疲れは取れるし、社会人として身だしなみぐらいきちんとしてほしいのです。これ以上、うるさく言わない方が良いですか。

（宮城・S子）

臭さだけでも看過できない状況
――トイレについては「指さし確認」の励行を

解決法アドバイス

変な連想かもしれませんが、お手紙を読んで、「三年寝太郎」という民話を思い出しました。寝てばかりいる横着者が災害の時には大活躍して、普段からきちんと対策を考えていたのだ、と皆が感心するというような話ですが、ご主人も考えがあってのことならうるさく言うべきでないでしょう。

ただ、寝太郎、いやご主人、現実に相当臭うのでは？　仕事熱心と言っても、職場で嫌われてはね……。それに第一、家でも臭いません？　これはその点だけを取っても看過できない状況かと思えます。臭いのことを他人は言ってくれぬ。これはあなたが言うしかないですよ。あなたが言わなければ、横着なご主人、「これで良いのだ」と勝手に解釈してしまいますよ。ガミガミ、うるさくではなく、「これで良いの？」とあなたの心配を話し合うという態度がベストです。

それからお困りのトイレの流し忘れですが、これは電車の運転士や、近頃は看護師さんなどがやっている「指さし確認」の励行をお勧めします。トイレを出る時に「大！　出発進行！」と必ず指さしして、流れて行くのを確認すれば良いのです。

課金ゲームに夢中の夫
――やめさせるか、目をつぶるか

（30代女性）

30代会社員女性。5歳上の夫が課金ゲームにはまっています。夫がかばんの奥に隠したカードの明細書から発覚しました。2か月でゲームに5万円もつぎ込んでいました。夫も悪いと思っているようですが、「アイテムを買わないと勝てない」「唯一の息抜き」と言います。

夫の仕事は待ち時間が長く、仕事で使うスマートフォンでゲームをしています。夫は真面目で酒、女、一切無縁ですが、凝り性です。

大げんかをしたら、夫は1年前に私が買った22万円のブランドバッグを持ち出しました。私がずっとほしかったもので、長く使って娘に譲ろうと思って買いました。それなのに夫は「お前も無駄遣いをしたからいいだろう」と責めます。

夫にゲームをやめさせるか、それが無理ならどんな心持ちでいればいいのでしょう。それなりに稼ぎはあるので、仕事をしてくれるなら目をつぶってもいいかなとも思います。

（神奈川・I子）

解決法アドバイス

▼泥仕合を避け、条件闘争に持ち込む
――約束を守るなら気晴らしの趣味として認める

いわゆる課金ゲームというのは一種のギャンブルだと思いますし、ご主人の場合、まだひどいレベルではないものの、ギャンブル依存症に発展しかねない雰囲気も感じます。

これは夫婦でじっくり話し合う必要があると思いますが、ご主人はいきなり胸元に直球を投げてきましたね。あなたの過去の買い物を持ち出し「どっちも、どっちだ」と引き分け戦に持ち込もうというわけです。

この話に乗っかると、泥仕合になるだけかも。この段階では、あなたが書いておられるように、「稼ぎはあるし、目をつぶる」という選択肢も、ぎりぎりありかもしれません。ただ全面的に交渉を降りる必要はないです。たとえば「月5000円までは認める。私は当分ああいう買い物はしない」といった、条件闘争に入ってはどうでしょうか。

これにご主人が同意して、実際に約束を守るようなら、「気晴らしのための趣味」として認めても良さそうです。しかし、約束を破り、金遣いがさらに荒くなり、家計への悪影響、仕事の支障が出るようなら、それはもう人生案内を超える病気のレベルかも。依存症に詳しい医療機関での相談を勧めます。

父が記録魔　たまるメモ　（30代女性）
――定年退職後　目立ち始める

30代の主婦。実家に父と母が2人で暮らしています。60代の父が度を越した記録魔なのです。どうでもよいようにしか思えない数字にこだわり、データとして細かく記録するので心配です。

例えば、粒ガムを開封したらテーブルに広げて数を数えます。外出時に、家から目的地までの所要時間や到着時間、信号で止まった時の回数まですべて記録します。趣味で料理を作る時は、調味料の量だけでなく、家族に配膳するご飯の量まで量って記録します。

数字を書いたメモ類がリビングの棚にどんどんたまっていきます。邪魔なので捨てようとすると「必要なものだ」と怒ります。でも、父はメモを見返すことはほとんどなく「記録することに意義がある」と言い張ります。

こんな行動は、父が定年で営業職を退職したあとに目立ち始めました。他人に迷惑をかけているわけではありませんが、このままにしていてよいのでしょうか。

（福岡・F子）

▼仕事人間の退職後のエネルギー変換か
――「やめたいのにできない！」場合は看過せず

解決法アドバイス

うーむ。何でも記録してしまう父上。人間データベースと言うべきか。これはさすがに極端すぎると言わざるをえませんが、人に迷惑をかけているわけじゃないし、他人から見ると引退後の暮らし方としては悪くないように見えるかも。それに、一工夫すれば町内会の書記や小学校の運動会での記録係など、実用性も出てくるような気もする。いやいや、以上は無責任な第三者的意見でしょう。ご家族の心配もよく分かります。

なぜこうなったかを考えてみますと、ご指摘のように、もともと仕事人間だったのが、退職後にそのエネルギーをこういう形で変換させたということだと思う。父上の記録へのこだわりは、何となく営業日誌や在庫管理業務を連想させられますからね。だとすると、これを断固やめさせるのもどうか、という気もします。

では、どこまで放置してよいか？　父上が自分でも「こんなことをしてつらい」「やめたいのにできない！」と苦しんだり、車の運転で気が散るなど日常生活に危険を伴うまでにエスカレートしたりすると看過できません。こうなると一種の強迫神経症とも考えられ、医療相談が必要になってくるのかもしれません。

マンション上階から騒音——丁寧に告げると逆切れされ（30代男性）

学校関係で働く30代男性です。マンションの人間関係に悩んでいます。

マンションを買って数か月後に、上階から「ドォーン」「ドッカーン」というすごい音が聞こえてきました。上の階の人に丁寧に告げたところ、そこに住むおばさんから「ダンスしていた。朝か昼にするから今後も跳ばせて」と言われました。でも、翌日の夜からまた激しい音が続きました。

もう一度丁重に告げに行ったら今度はおじさんが出てきて「クレーマーめ。出て行け」と30分ほど暴言を吐かれました。彼は酔っぱらっていたようです。騒音の苦情に行ったのに「頭を下げて謝れ」と言われ、仕方なく二度頭を下げたのに「アカン。クズは出て行け」とどなられました。

私が元警官だと知って上階のおばさんが翌日謝りに来ました。でも、その際も文句を言われました。マンションの管理会社も何もしてくれません。怒りでしんどいです。忘れるしかありませんか。

（大阪・T男）

解決法アドバイス

▼強く出られても折れない方法を探す
――キャリアを生かして警官風に話してみては

苦情を言いに行ったのに逆に叱られて、謝罪して帰ってきた。さらに謝りに来たおばさんにまで文句言われっぱなし。あなたの方が被害者のはずなのに、やりたい放題やられてる感じで、何だか情けない展開です。心情としては、この人たちの上階に引っ越して、毎日ダンスを踊ってやりたいくらいですよね。

まあ、ともかく解決法を考えてみました。訴訟を起こす手はあるけれど、お金もかかるし、勝てるかどうかわかりません。マンションの管理組合に申し出て仲裁してもらえれば一番良いですが、個人間の問題として扱われる可能性大です。ひたすら我慢するのも健康に良くないですし。結局はさらに話し合うしかないのかもしれません（あまり会話したい輩《やから》じゃないですけどね）。

あなたはとても人が良い方のようで、強く出られると折れてしまうところがある。ここはキャリアを生かして、警官風に話をしてみる。「まずいな、コレは。このままだと公序良俗や基本的人権に触れる恐れが……。少なくとも夜はやめるならいいですが」。まあハッタリなんですが、こういう言い方はどうでしょうかね。

夫の親戚との付き合いがイヤ
——夫婦問題にも土足で踏み入る

（30代女性）

会社員の夫のいる30代の専業主婦。我が家の近所には夫の親戚がたくさん住んでいます。たびたび大勢で集まっては、バーベキューをしたり、旅行に行ったりしています。その親戚付き合いについていけません。

我が家には義父が同居していて、幼い子どももがいます。それだけでも十分大変なのに、親戚付き合いともなると、何が何だかわからなくなります。

私と夫が大げんかをした時にも、まったく関係のない親戚が夫の付き添いとして、出しゃばってきました。私の実家にまでわざわざ乗り込んできて、私の両親がカンカンに怒ったほどです。

夫婦２人の問題にもズケズケと土足で踏み入ってくる、そんな夫の取り巻きやギャラリーのおかげで、夫婦のことがメチャメチャです。

私は夫と子どもと落ち着いて、静かな所で仲良く楽しく暮らしていきたい。それが私の夢でもあり、希望です。どうしたらよいでしょうか。

（埼玉・T子）

▼親戚付き合い　これ以上は無理と宣言する
——旦那からの評判を良くすることに注力

解決法アドバイス

世論調査のようなものがあるのかどうか、あいにく知りませんが、旦那の実家とはあまり付き合わずに核家族単位で暮らしたい、と考える夫婦が最近多くなっているとも聞きます。しかし、あなたの旦那様の一族の場合、我が国伝統の大家族主義の面影が残っているみたいですね。これに合わせていくことは、現代っ子の嫁さんとしては確かに苦しいでしょう。ましてしゅうとの面倒もみているわけですし。

ここでもし、周囲の要望に逆らって、「私はここまでは付き合うけど、これ以上は無理」と断固宣言したらどうなるんでしょうか？　きっと「評判の悪い嫁さん」の汚名を受けることになるでしょうが、善しあしは別にして「昨今のトレンド」という見地からみると、「近頃の嫁はしょうがないね」で済むような気もしないでもありません。

ただ、問題はそれで夫婦仲が保てるか、ですが、ここは策として旦那に徹底的に尽くして、旦那からの評判を良くすることに力を注ぐしかないでしょう。その際、「ギャラリーを遠ざけて、あなたとの暮らしを一番大切にしたい」とか何とか、殺し文句をちりばめるのも、有効かもしれません。

母の不倫から女性不信に
――愛したいのに心にブレーキ

（30代男性）

30代の独身男性。子どもの頃両親が離婚し、母親に育てられました。母がかつて妻子ある男性と交際していたことが今も許せません。

母は立て続けに3人の男性と交際し、うち2人の男性はたびたび我が家に泊まりました。幼くてもどんな目的かは想像がつき、母との家庭を乱されるのが悲しくて仕方ありませんでした。

そのせいか女性に強い不信感を持つようになってしまい、お付き合いしてもうまくいきません。先日も品行方正だと思っていた女性が妻子ある男性と交際していたと知り、怒り狂った揚げ句絶縁してしまいました。

本当は女性を信じたいのです。愛したいのです。でも、心がブレーキをかけてしまうのです。母に対しても感謝と抑えがたい憤りのはざまでどう対処していいかわかりません。今のままでは女性と誠実で温かい信頼関係を築けず、悲しくて寂しくてたまりません。

（兵庫・M男）

解決法アドバイス

▼母のイメージから離れた女性観を形成する
——母を「許す」気持ちも大切

女性を愛したいけど、どうしても不信感をもってしまう。そして、これは幼い時に母から裏切られた結果だと。とすれば、解決のポイントは二つあります。

一つは、付き合う女性を母親と重ねてみる姿勢からの卒業です。あなただけではなく、世の男性は自分の母のイメージに基づいて女性観を形成する。これは精神分析の理論を持ち出すまでもなく、真実かもしれません。

しかし、それはあくまで子ども時代の原点の話であって、男性も成長するにしたがって、自分の経験に基づく、オリジナルな女性観を形成せねばならない。つまり、母から独立して大人になるということです。あなたに必要なのはこのプロセスでしょう。

次に、母を理想と幻滅の入り混じった混沌《こんとん》とした存在ではなく、リアルな一個の人間像として再認識することです。母上は間違ったこともする。弱さだってある。でも、それが人間。母にもいろいろあったんだなー、つらかったんだな……。そう考えて許してあげられませんかね。そう。「許す」という広い気持ちを持てれば、現実の女性に対するあなたの姿勢も変わってくるような気がします。

残酷なニュース　気持ち沈む　——幼児の犠牲　息子と重ね合わせ眠れない

（30代女性）

30代の主婦。残酷なニュースに接した後の気持ちの立て直し方がわかりません。

新聞やテレビでひどい事件が起きたことを知ると、胸が締め付けられます。詳しく報道されると、状況を想像してしまい、何とも切なく悲しい気持ちになります。特に、幼い子どもが犠牲になった事件では、自分の息子と重ね合わせてしまい、夜眠れなくなったりもします。

日常生活に差し障るほどではないですし、幸い夫とはよく話し合える関係なので、自分の気持ちを伝えることもできます。ただ、私としても何日もそんな話をしたくはありません。

インターネットで事件のことを調べたりしないようにしていますが、残酷なニュースを見たり聞いたりするのを完全に避けるのは事実上、不可能です。自分の中で、うまく気持ちの処理をつけられるようにしたいのです。どうしたらよいでしょうか。

（神奈川・M子）

解決法アドバイス

▼自分の不安をありのままに伝えることに意味
——夫婦共同で子どもを守る

確かに昨今、災害報道や子どもが巻き込まれる犯罪、事件が多いですからね。不安になっても無理はないところです。それに、これはあなたの心根の優しさを物語っているような気もします。

お手紙を読んで一番ほっとしたのは、「ご主人に自分の気持ちを話す」というくだりです。実に頼りになるご主人で、お二人の絆もばっちり、という様子が見てとれ、「これこそ最高の対応策だな」と感じられました。

ご自分の不安をありのままに伝える、というだけでも意味があると思います。それに加えて、お子さんが事件に巻き込まれないようにするためにはどうしたらよいか、いざという時の連絡方法などを具体的に話し合っておくと、実際的な意義も大というものです。そして、ある程度話し合ったら、「これだけ備えておけば、もう大丈夫」と、どこかで思い切ることです。

そうです。「備えあれば憂いなし」ですし、「人事を尽くして天命を待つ」という構えでもよいでしょう。夫婦二人で共同戦線を張れば、天も絶対あなたの味方をしてくれるに違いありません。それを信じることが最高の「気持ちの処理」になるんじゃないですか？

夫が不倫　立ち直れない
——数か月たったが　夜眠れず涙止まらぬ

（30代女性）

30代のパート女性。不倫をした夫とやり直そうと努力していますが、なかなか立ち直れません。

夫は数か月間の不倫の末、相手の女性が職場にその事実を告げたことで職を失いました。夫が反省する姿を見て、私も至らなかった点があったと反省しました。２人の子どものためにもやり直そうと決め、夫は新たに仕事を見つけました。

しかし、それから数か月たった今も、夫の裏切り行為や言動を思い出してしまい、夜眠れず涙が止まらなくなります。子どもにイライラをぶつけてしまうこともあります。

愛される妻になれるように、夫を信頼できるように努めているのですが、ショックから抜け出せません。不倫相手に慰謝料を請求したくなります。

前向きに家族の幸せを考え、歩んでいきたいです。夫の不倫をどう受け止め、どのような気持ちで過ごしていけばいいのでしょうか。（茨城・Ｒ子）

▼あなたの苦しみ人間として当然
——何らかの和解の儀式が必要

解決法アドバイス

これはそもそも一方的にご主人の方が悪いわけでしょう? それでもあなたは家族の幸せのためにご主人を許し、それればかりかご自分の至らぬ点を反省し、「愛される妻になれるよう努力する」とまでおっしゃっている。あなたの本当に前向きで、心の広い姿勢には感動すら覚えます。しかし、しかし、しかしですよ。あなたの心中ではまさに地獄の苦しみが続いている。これはあなたが「理性では許しても、感情では許していない」ということを意味しているのだと思う。そして、これは人間として全く当然のことなんです。

まだ数か月しかたっていないんだし、人間、そんなに簡単に「あい分かった。許してつかわす」となりませんよ。それにはもう少し時間がかかるでしょうし、本当の意味で和解するには、何らかの儀式が必要なんです。

私は家族皆で何か一緒に楽しむことをお勧めします。海外旅行に一家で行くとか、テーマパークに遊びに行くとか、いや、大きなケーキを買ってくるとかだっていい。そういう遊びを通して、「今日、とても楽しかったねー」「これからも皆で楽しく過ごそうね」と再確認することです。

担当医の紹介状見て憤慨

——娘の発達ぐあい、親の性格・理解力まで記載

（30代女性）

30代の女性。難病の長女を担当する医師が書いた、他病院への紹介状を読み、信頼がうせました。

紹介状を書いてもらったのは、担当医が転勤することになったからです。私の手元に届いた時、何か予感がして、簡単に開封できる状態だったので内容を見てしまいました。

そこには、長女の病気の情報だけでなく発達に関すること、私たち両親の性格や説明に対する理解力のことまで書かれており、ショックを受けました。どうしてこんなことまで書くのか理解できません。

私たちは、医師から病気以外のことも聞かれ、真面目に答えてきました。それがばからしく思え、憤りを感じています。

しかし、今後も、病院との関わりは避けられません。紹介状に書く内容について、納得のいく理由などがありましたら、お教えください。

（福岡・E子）

▼治療に役立つもの全記載が紹介状の原則
――患者・家族のイメージを害す書き方は問題

解決法アドバイス

都合で医師を変えなければならないことがありますが、その場合の医師の紹介状は言うまでもなく重要です。これまでの経過や検査データがうまく伝わらないと、今後の治療に差し支えますからね。書き方の原則は単純です。一言で言えば、「治療に役立つものはすべて書く」「治療に関係ないことは書かない」ということでしょう。

これに従えば、本人や家族の個人情報などを書くことも、もちろんあります。たとえば、「耳が少し遠い方なので、話すときは声を大きくしてあげてください」とか、「かなり高齢で理解力が少し心もとない場合があるので、丁寧にご説明お願いします」とかです。

悪口のように見える場合もありますが、それが必要な情報なら書くべきです。ただ「性格悪いです」とか「いつも派手な服を着てます」など、抽象的過ぎたり治療に無関係だったりしたらルール違反です。まして、紹介した患者・家族のイメージが相手の医師に悪く伝わるような書き方は絶対すべきではありません。

紹介状を書く、ということは、患者と主治医の別れが来た、ということも意味します。きれいな仕上げを心がけるのも医師の務めではないか、と思えます。

外出しぶる母が心配
――そのくせ留守番嫌がり　愚痴ばかり

（30代女性）

30代の会社員女性。同居する60代の母が外出したがらず、困っています。

3世代の6人家族ですが、母以外は社交的で友達も多く、いわゆるアウトドア派です。休日になるとみんな出掛けるので、家には母1人になってしまいます。

そして「みんなで出掛けてずるい」などと文句ばかり言ってきます。そのくせ、誘っても「疲れる」「面白くない」と断ってきます。

母は友達も少なく、仕事を辞めてからは、買い物以外はまったく外出しません。元々、外出が好きな人ではありませんでしたが、家で1人留守番しているのも嫌なようです。毎日家で愚痴ばかり言っています。

健康のためにも、少しは外出してほしいです。このままでは、ひきこもりみたいになってしまうのではないかと心配です。

文句を言わせておいて放っておけばいいのでしょうか。でも、愚痴を聞かされ続けるのにも疲れてきました。

（千葉・H子）

▼「行く所がない」から外出しないだけかも
――母を当てにしているという雰囲気を醸し出す

解決法アドバイス

愚痴の絶えない人、というのは確かにいますが、まあこれは独り言みたいなもので、何かアドバイスがほしいわけじゃない。「この人の愚痴は生きてる証拠だわい」くらいに受け流すことでしょう。

ただ、あなたが心配されているように、あまり外出しないのも体に良くないですね。この対策のヒントになるのは、買い物には行くこと、仕事に外出していた、という2点です。

これは、用事があれば出かける、ということを物語っています。つまり母上は引きこもりたいのではなく、「行く所がない」から外出しないのかも。これは外出できるような役割を与えることです。

その時のポイントは、「出なきゃだめよ」と頭ごなしに命令するのでなく、あくまで母上を当てにしているという雰囲気を醸し出すこと。たとえば、あなたが健康のために散歩をすることにしたから付き合ってほしい、とお願いするのはいかが？「お母さんがついて来てくれれば散歩も楽しいし、長続きすると思うのよ。お願いね」と頼むのです。二つ返事じゃ無理でしょうが、そのお願いを繰り返すうちに母上の心が動いてくるかもしれません。

後ろ向き、話の腰を折る母
――聴いてほしくて話しかけるがいつも嫌味

（30代女性）

30代の会社員女性。母は、私が話しかけても最後まで聴かず、話の腰を折るようなことを言います。だんだん嫌になってきました。

昔、ホームステイで留学して帰ってきたら、「あちらの人も結局はお金もうけなのよね」と言われ、楽しい気分が一転、落ち込みました。私は、以前からある傷を治そうと努力しており、「でもやっぱり痛むんだ」と話すと、「いろんなことをやり過ぎなのよ」と言われました。「大丈夫？」というひと言があれば、こちらもうれしいのに。

話しかけても、後ろ向きなことしか言わないことは分かっています。それでも聴いてほしくて話しかけてみるのですが、やはり予想通りなのです。

母のコミュニケーション能力の問題なのでしょうか、それとも、私が期待しすぎなのでしょうか。母とは違うとは思っても、自分が母親になったら同じことをしそうで、なりたくありません。

（愛知・K子）

▼一種の「お母さん語」なのだと割り切る
――「よくやったね」と言えずに出る余計な言葉

解決法アドバイス

お手紙を読んで一番感じられたのは、「あなたはお母さんのことが大好きなんだな」ということでした。母上と楽しく話したい、最後まで話を聴いて褒めてもらいたい、認めてもらいたい。こういう思いが強い願望として伝わってきます。まるで小さな子どもが「ねえ！　聴いて、聴いて！　ちゃんと聴いて！」とねだっているみたいに。

ところが母上はちょっとひねくれていて、簡単にはそのおねだりに乗ってはくれない。物事を裏から見て、皮肉っちゃう癖がある。ちょっぴり可愛《かわい》くないいんですが、だからと言って母上はあなたのこと、嫌いではないいんですよ。

それどころか大好きで、「偉かった。大変だった。よくやったね」と心の中では言っているんですが、せっかちな性格なのか、「皆まで言うな。あんたのこと、全部分かっているから」という思いから、余計な言葉に置き換えちゃうんです。

これは一種の「お母さん語」なのだ、と割り切ってあげねばなりますまい。なかなかやっかいなのですが、母上のこの可愛くない部分を反面教師にしさえすれば、あなた自身はちゃんと気持ちの通じる母親になれることを確信します。

夫と夜の生活なく　さみしい
――心身共に疲れた夫　私のわがままか

（40代女性）

40代前半の主婦。夫とは再婚で仲も良いのですが、夜の夫婦生活のことで悩んでいます。

夫は私の母と子どもがいる我が家に入ってくれました。自由を好み、わりと好きに生きてきた人なので、私の家族に気を使いながらの生活には、なかなか慣れなかったようです。営業職で責任ある立場のため、自分の成績を気にしながら、部下の面倒も見なければいけません。毎晩、心身共に疲れて帰ってきます。

夫婦生活は、結婚してからどんどん減り、今では数か月間ない状態です。夫は「自分は男性更年期。体も疲れているから仕方がない。病院に行くのも抵抗がある」と言います。

思いやりのある人で、家族にも良くしてくれます。ただ、やはり夜の生活がないというのもさみしいため、心の持ち方がわかりません。仲が良いのに、こんなことにこだわる私がおかしいのでしょうか。

（北海道・N美）

▼遊びの演出が大事
——「好きよ」という言葉が出発点

解決法アドバイス

相手のことを深く理解し、互いに思いやる、まさに理想のご夫婦。でもセックスレスだけが問題。同じような悩みを持つご夫婦は案外多いのだと思いますが、2人でじっくり話し合って、論理的に解決する、というものでもないし、医学的な方法は確かに必要な場合もありますが、それだけでも不十分……。

まあ、性欲については淡泊な人、大好きな人、本当に人様々でしょうけれど、あまり日常的、機械的になるとうまく運ばない。また、「良いママだ」「パパだ」と認め合ったり、「無二の親友だ」という位置づけになりすぎると、かえってその気になりにくかったりもします。確かなことは、そこに遊びの要素がないと成立しにくいことです。だから、ここは原点に返って、遊びを演出するという面も大事だと思われます。

もちろん、いきなり非日常的で妙な遊びをしろと言っているのではありません。あくまで相手を褒めるとか、「好きよ」とか、そういう言葉が出発点です。それに旅行とか、遊園地に行くとか、そういう2人で遊ぶ企画も試してみる。そこをどううまくやるか、ここに遊び心が問われるということでしょう。

ドケチの自分　正しいか
——物持ちが良く25年前の定期入れを今も使用

（40代男性）

40代のバツイチの男性です。自他共に認めるドケチ中年です。人は「ケチ」と呼びますが、私は「清貧」と呼んでいます。ただ、最近、こんなドケチで本当に良いのだろうか、とも思うようになりました。

「吝嗇《りんしょく》は美徳なり」が私のモットーです。しかし、最近、それがだんだんエスカレートしてきています。

例えば、物持ちが良いので、25年前に社会人になった年に購入した定期入れを、いまだに使用し続けています。何かにつけて、こんな調子なのです。性分なので、なかなか修正もききません。幸か不幸か、身内は年老いた両親だけなので、特に問題もないのですが、はたしてドケチの私は正しいのかどうか疑問に思う時もあります。

ケチという言葉は私にとってほめ言葉です。ただ、このままドケチを続けていても良いものなのでしょうか。

（東京・R男）

▼ケチ道まい進、何の不都合もない
――でも、たまにはご両親にごちそうしては

解決法アドバイス

私も20年前に買った背広をいまだに着ていて、相当に物持ちが良い方だと思っていましたが、25年前の定期入れとは！　上には上があると言うべきか……。

それでご質問は「こんなドケチで良いのか」ということなのですが、「ケチはほめ言葉」だし、「吝嗇は美徳」がモットーとなれば、この人生観にますます磨きをかけて、ケチ道をまい進しても何の不都合もないと思いますがね。まあ、デフレ不況から脱出するためには買い物をすべきでしょうけれど。あなたが「全日本ケチ運動」の活動家だったりすれば国家的問題になりかねませんが、どうやらそこまで影響力もなさそうだし……。

まあ、「ケチのどこが悪い」という命題を分かりやすく言えば、他人におごらないので評判が悪くなる、それを気にするか否かという一点にかかっているような気もします。この点、あなたはどうなんですか？「そんなの関係ない」と言うのなら、何をか言わんや。ケチ道をまい進してください。

あ、でもね、たまにはご両親においしいごちそうでもおごってあげてくださいね。清貧のあなただって、そのくらいしてあげてほしい。私からの唯一のお願いです。

意に沿わないと暴れる夫
——離婚を考えるが、不便さを考えると面倒

（40代女性）

40代主婦。自分の思い通りにならないと暴れる夫を何とかしたいのです。私は再婚で、前の夫との子がいます。今の夫は年下で仕事もしています。付き合い始めてから激しい束縛が始まりました。「他の人と会ってほしくない」と私が1人で買い物に出かけるだけで気持ちが不安定になり、怒り出します。暴れる時は別人のようなので、夫を精神科でみてもらったら「人の気持ちを理解する能力が低く、一緒にいるには覚悟が必要」と医師に言われました。結婚したら落ち着くかな、いつかは良くなるかなと期待しましたが変わらず、キリがありません。

夫があまりに怖くて、警察を呼んだこともあります。夫はグーで殴っていないから暴力ではないという認識のようです。私は1人で始めたIT系の仕事が軌道に乗り、離婚も考えますが、子どもを連れ、荷物を持って逃げる不便さを考えると何もかも面倒です。彼が暴れなくなれば一番楽と思ってしまいます。

（大阪・N子）

▼DVを一人で抱え込まない
――主治医、行政、警察、親戚を巻き込んで対応

解決法アドバイス

実に怖い話ですね。正直、これでよくご主人と一緒にいられるなと思います。一刻も早く逃げるべきではないでしょうか。

当人は暴力だと思っていないわけで、だとすると治しようもない。歯止めがないから、タイミング次第で非常に危険な行動に及ぶ可能性も感じます。あなたは「いつかは良くなる」と期待し続け、その度に裏切られ、「キリがない」と言いつつ、また「暴れなくなれば一番楽」などと期待しておられる。ご主人にとって、あなたは自分の言うことを何でも聞いてくれる存在で、意に沿わないと暴れ出す状態です。この関係を変えねばなりませんが、よほど決然と別れないと、中途半端はかえって危険な気もします。

なぜあなたは逃げないのか？　お手紙からは愛情の残りかすも感じられず、ただ「生活が不便」という実用的な理由のような……。疲れのためか、何だか投げやりな雰囲気も漂います。

DVは一人で抱え込まないのがポイントです。どう決断するにしろ、主治医や行政、警察、味方になってくれる親戚など、多くの人を巻き込んで、皆で対応する。この基本だけは忘れないようにしてください。

男性と交際経験ない40代
――明るい振る舞い、自己研さん努力も報われず

（40代女性）

40代前半独身の会社員女性。人生で一度も男性とお付き合いした経験がありません。10代からずっと恋人がほしいと願ってきましたが、私に好意を持つ男性は現れません。容姿が悪く、面と向かってからかわれたこともあります。それでも努めて明るく振る舞い、自分を磨く努力をしてきました。

30代で結婚相談所に登録し、見合いまでこぎ着けた男性は10年で10人。すべて断られました。相談所費用や服代、魅力をアップするセミナーの受講料などに300万円近くかけました。

職場や趣味の登山では、仲間に恵まれても恋人は見つかりません。登山仲間に告白してふられ、彼は美しい女性と結婚しました。

1万円もした恋愛カウンセリングで、あなたに好意を持つ男性から恋人を選ぶよう言われました。そんな男性に一人も会ったことのない私はどうしたらよいのかわかりません。

（神奈川・K子）

▼彼氏がいる＝幸せではない
——明るく、仲間がいるあなたのままが一番

解決法アドバイス

あなたと同じ悩みを持つ男女はたくさんいます。これは人生相談の永遠のテーマとも言えます。いろいろな考え方を古い格言三つで整理してみました。あなたに合う考えがありますでしょうか？

まずマタイ伝の「求めよ、さらば与えられん」。そうです。あなたが恋人を求めるからこそ、得られる可能性があるのです。求めねば、悩みもないが、絶対に恋人は現れない。この第一歩をあなたはクリアしている。次に中国の古い格言「人事を尽くして天命を待つ」。努力をしないで、自分の不運を呪っても、何も得られないことは真実です。しかしあなたは、目標に向かってあらゆる手を打った。それがあなたの中できっと良い蓄積となっている。それを信じてあとは運を天に任せるしかない。恋愛なんて、偶発的産物ですから。

最後に老子の究極の名言「曲なれば則《すなわ》ち全《まった》し」。この意味する所は、「少々弱点があった方がかえってよい」。そう。彼氏なんてややこしいもの、持たない方がずっと幸せかもしれない。こう実感している人は多いのです。明るく振る舞い、仲間に恵まれているあなた。そういうあなたはあなたのままが一番だと思います。

体重100キロ超の夫が嫌　（40代女性）
——今のままでは横にこられるのも嫌

40代主婦。夫は同世代ですが、かなり肥満です。身なりも気にしません。そんな夫と一緒にいるのが嫌なのです。

夫は私にも、私の家族や周りにもとても優しい人です。世の中のことをいろいろ知っていて、私の悩みを常に解決しようとしてくれます。文句のない夫です。

ただ、食事の量が尋常ではないのです。年齢とともに新陳代謝が落ちているのに、若い頃と同じように食べ続け、体重は100キロをかなり超えています。健康にも気を配りません。そんな姿が許せないのです。

私が笑顔でいれば家族円満でいられるので、我慢してきましたが、私が優しく接するのにも限度があります。とうとうやせるまで口をきかないと言ってしまいました。かつては、尊敬しているとまで思っていたのに……。今のままでは横にこられるのも嫌なのです。

（栃木・M子）

解決法アドバイス

▼「やせるまで口をきかない」は目標値高すぎ
——夫の肥満に悩んでいることをしっかり伝える

これは困りましたね。最高に優しいご主人がこんなに嫌われるのもかわいそうですし、外観のこともさることながら、これでは早晩に深刻な病気に陥りかねぬ。とても放置はできない状況と言わざるをえません。

お手紙には「私の悩みを常に解決しようとしてくれる」とありますが、ここに頼るしかありますまい。つまり、あなたが悩んでいるということをしっかり伝えること。それを解決するのは、旦那様、あなた自身しかない、ということに気づかせる。その点、「やせるまでは口をきかない」と言ったのは悪くなかったです。あなたの思いが伝わったに違いない。

でもこれに応えるのは難しい。やせるまで口をきかない、というのは目標値が高すぎて、何か月も口をきかないことになるでしょう。ここは実現可能な目標を掲げるべき。たとえば30分間ジョギングするのを3日続けたら口をきいてあげる、とか。

これは一例ですが、そういう短期的な目標を次々出す。夫婦2人で作戦を考える、という形にして「あなたのことを見捨てたくない。家族の幸せのためにもひと踏ん張り」という雰囲気作りからまず始めることだと思います。

義兄の妻の美しさねたむ ——夫のからかい言葉にもイライラ

（40代女性）

パートで働く40代の主婦。夫の兄の妻にねたみを持っていて、自分の心の狭さに悩んでいます。

彼女は年を経ても美しさと若さを保ついわゆる「美魔女」です。その上に、才能もあります。夫の兄は奥さんが美人なのを時々自慢して、親戚たちも彼女を褒めます。そんな集まりの場に夫はいない時が多く、私の立場がありません。夫は私が病院に行った時に「医師も美人に会いたいだろうに。おまえは真ん中のレベルだ」と言ったことがあります。「私が美人だったら、ほかの男と結婚している」と、言い返したら、「そうだろうな」と納得し、それ以来、私の顔の話はしなくなりました。

私は不器用で、勤め先でも正社員にバカにされることがあります。それも彼女を嫉妬する一因です。私たち夫婦には子どもがおらず、経済的な悩みもありません。夫はまじめで浮気もしていないようです。それでも、夫の言葉を思い出して、イライラしてしまうのです。

（東京・Y子）

▼「おまえは真ん中のレベル」は褒め言葉
――ご主人のあなたへの評価に自信を持つ

解決法アドバイス

これはご主人の無礼な言葉への怒りと、義兄の妻に対する嫉妬の二つの感情が微妙に混ざり合っているようです。でも、ご主人に対しては見事に言い返して、完全にあなたの勝ちですね。これでご主人はぐうの音も出なくなったわけです。だから思い出してイラつく必要はありません。あなたの勝利を思い浮かべて、ニンマリすれば良いのです。

それに、ご主人はもともとあなたのことを評価しているような気もします。妻を褒めることに照れを感じる男性も多いもの。そういう人が「おまえは真ん中のレベルだ」と言うのはかなりの褒め言葉なのです。

第一、皆が「美魔女」を褒める時に「夫さえいれば……」とあなたが感じるのは、ご主人にその場でフォローしてほしいということですよね。あなたのこの気持ちをご主人にはっきり話して、頼むのが良策です。

「『うちの家内だって捨てたものじゃないぞ。なにしろ、おれが結婚したのだからな』くらいに言ってやってよ」「一度あなたの口からこういう言葉を聞いてみたいわ」――。

ご主人は「そうだろうな」と納得して、実行に移してくれるような気がしてなりません。

農村の婦人会　抜けたい
——入院一歩手前までうつ病が悪化

（40代女性）

40代主婦。年上の夫と2人暮らしです。地域の婦人会から抜け出したいのです。

夫が母方の親戚の跡取りになり、農村地域に引っ越してきました。近くに認知症の親戚もいて、その暴言、暴力に耐えかねて、私はうつ病になってしまいました。そんな時に婦人会の班長になるよう言われました。

体調を話して今年は引き受けられないと言いましたが、聞いてもらえませんでした。「婦人会に入らないとだんなさんの立場が悪くなる」「収集日にゴミを出す資格がない」などとも脅され、入院する一歩手前まで病気が悪くなりました。

婦人会の活動自体は、30分程度で終わる公民館の掃除ですが、2時間近く雑談会があります。愚痴や自慢が続き耐え難い内容です。掃除も私1人が全部屋を任され、ほかの人は軽作業とおしゃべり。1年生がたった1人しかいない部活動のようです。この強制から逃れることはできませんか。（M子）

▼ご主人の支えがポイント
――互いに愚痴を言い合って夫婦の絆を強める

解決法アドバイス

うーむ。入院寸前のうつ病にかかっても活動猶予もできない地域活動……。これがもし職場での話なら、診断書を出して病休を取るべき状況なんですがね。

ただ、あなたはここで入会を断ると、ご主人を含めて地域での立場が悪くなると考え、かなり無理して入会した。もはや退会する選択肢はないことを前提として考えてみます。

今できることは味方を一人でも作ることだと思います。もちろん婦人会の中に味方ができれば理想ですが、それには時間がかかりそう。するとやはりご主人の支えがポイントでは？　ご主人も地域になじむためのご苦労が多いに違いない。互いに愚痴を言い合って、二人でここで根を張ろう、ここが胸突き八丁だ。そんな話をして夫婦の絆を強めるのです。

あとは、婦人会でやっている雑談会をヒントにして、あなたも気の合う人と個人的な雑談会みたいなのを開いては？　いや、別に会を開催する必要はないかも。遠方の旧友や親戚であっても、たまに電話して愚痴るだけでかなり救いになるんじゃないか。要は独りぼっちじゃないという感覚が今のあなたには一番必要です。

心折れた妹が心配
──新しい働き口探さず、両親と暮らす

（40代女性）

40代専業主婦。実家にいる五つ年下の妹の相談です。

妹は幼い頃にいじめられたせいか人付き合いが苦手です。専門学校を卒業して就職しましたが、人間関係や仕事に悩んで辞めました。それから10年はアルバイトをしていて、どれも1年ほどで辞めています。3年ほど前に、妹はお見合い結婚をし、相手も納得して実家の両親と同居を始めました。でも、相手と父親がなじめず、1年もたたずに別れてしまいました。

妹は前向きに頑張るつもりで、またアルバイトを始めましたが、上司から暴力的な言葉でどなられ続け、体調を崩して辞めてしまいました。以前なら新しい働き口を探すのですが、ぽっきり心が折れてしまったのか、家にずっといます。アイドルのDVDを見て現実を忘れたいと言っています。年老いた両親も妹に頼りきりです。妹はまじめで優しく努力家です。両親が元気なうちに外の世界に出て、自立してほしいと願っています。離れて暮らす私にできることがあるでしょうか。

（東京・J子）

解決法アドバイス

▼春の訪れを期待しつつ見守ること
――いじめ、離婚が重なり、回復には時間がかかる

妹さんへの愛に満ちたあなたのお手紙。たとえ遠くからであっても、優しいまなざしを注ぎ続ける。これ以上のことは誰にもできないと思われます。それに「今のままじゃだめ」「逃げてないで仕事をすることよ」等の正論を浴びせても、妹さんは全てわかっておられるに違いなく、「そうね。そうね」とうなずかれるだけのような気がします。

確かに妹さんは外で仕事をしてはいませんが、決して無為に過ごしてはいない。なにしろ、ご両親から家庭内で当てにされる存在なんですから。ここを評価してあげたいし、いくら努力家であっても今回ばかりは、離婚騒ぎにいじめも重なり、回復に時間がかかるのも無理もないように思えます。

これはぽっきり心が折れたのではなく、ちょっと冬眠しているだけなのかもしれない。遠からず春が訪れると、期待しつつ見守ってあげたいような気がします。

あえて言えば、あなたが書いている「両親が元気なうちに自立して」という言葉は、両親ご自身が言うべきことかもしれない。両親に頼られているとの思いは、やはり妹さんの自立への気持ちにブレーキをかけているかもしれませんから。

40代女性　同居の母に嫌悪感
――だらしない母親とけんか、毎日がうんざり

（40代女性）

40代女性。同居している70代の実母との関係に悩んでいます。

母が40代の時に父が亡くなりました。10年前から母の家に、私たち一家が入るような形で、一緒に住み始めました。今は母と私たち夫婦、娘と息子との5人家族です。

母は料理や家事が苦手です。専業主婦として家にいるわりに、家の中は片づいていない状態です。娘としてだらしない母親が許せず、そのことを話そうとするのですが、私の話を「くどい」「長い」と言って聞く耳を持ちません。その姿は子どもじみていて、嫌悪感しか持てません。

別居したいとも思うのですが、母は年金だけでは暮らせません。昔、母に数百万円の借金をして、それをまだ返していません。責任を感じているため、家を出ることができません。

ただ、子どもたちの前で母とけんかすることも多く、毎日がうんざりです。もっと母とうまくいく方法はありませんか。

（北海道・E子）

▼いたわりモードで付き合う
——だらしなさは加齢現象も一因

解決法アドバイス

あなたは母上と別居したいという気持ちをにじませながら、同居を続けると決めた。これは好判断だと思います。もし別居などしようものなら、あなたはものすごくそれを後悔したに違いありませんもの。あなたは母上を嫌ってはいても、憎んではいないんです。お手紙の中には、母を思いやる気持ちがあちこちにちりばめられています。一人暮らしで困るんじゃないか、過去の借金申し訳なかった——と。

ではなぜ別居したいと思うまで嫌うのか？　一言で言えば「見ていて歯がゆい」「せつない」「これがあのお母さんか」そんな思いからでしょう。そう。「もっとしっかりしてよ！」という叱咤《しった》激励の気分なのです。

確かに母上はもともとだらしないのかもしれない。でも、それがもっと極端になったのは加齢現象の部分が大きいのだと思います。今さら母上が、しゃきっとした、きちょうめんな人間へと成長を遂げると思いますか？　これはもう対等にやり合うのではなく、面倒をみてあげなければいけない次元なのでは？　少なくとも、そういう「いたわりモード」で付き合えば、あまり腹も立たなくなるかもしれません。

息子がいじめで志望校断念
——同じ中学の子がいない高校を目指す息子が哀れ

（40代女性）

40代の主婦。中学3年の息子は、2年の時からいじめに遭い、学校に行けなくなりました。かつて志望していた高校をあきらめ、同じ中学の子がいない高校に行くと言います。息子が哀れで悔しくてなりません。

息子は数人に取り囲まれて言葉のいじめに遭ったと涙ながらに告白してきました。担任に相談してもいじめはやまず、口数の少ない息子はさらにしゃべらず、笑わなくなりました。長い格闘の日々が始まりました。

息子は、同年代の子がいると緊張し、話せなくなります。行事にも参加できず、友達もできませんでした。医療機関で対人恐怖症、適応障害と診断されました。

自分のことを誰も知らない私学に進むと息子は言いますが、そこはレベルの低い高校です。まじめでおとなしい息子の良さもわからず、いじめた子、その両親、学校の対応のまずさなどを思うと、憎くて、悔しくて、この気持ちをどこに持って行っていいかわかりません。

（K子）

解決法アドバイス

▼知っている子がいない高校進学は良い判断
――しばらくは息子さんと距離を置く

あなたの悔しさ、よく分かります。内向的性格の子がいじめの標的になりやすい、現代日本の風潮は非常に残念なことです。

ただ、過去の恨みにこだわってばかりでも何も生まれないことも事実。ここは未来志向でいきたいところでしょう。

まず、息子さんの高校入学を祝福すべきです。「こんな学校、本来なら行くような子ではない」と親が思っていては、また登校しなくなりかねない。いきなり萎縮してしまう環境より、知っている子がいない所の方がやりやすいというのは良い判断だと思います。

次に、しばらく息子さんと少々距離を置くことです。これまで母親としてあなたが動いてきたのはとても良かったと思いますが、「お母さんだけが僕を分かってくれる」という姿勢が息子さんに強くなりすぎると、学校になじみにくくなる。もちろん展開によっては再び親の出番もあり得るでしょうが、そうならぬかぎり「息子の世界、ただ今構築中」という看板を心に立てて見守ることが大事です。そうすることによって、あなたの気持ちが落ち着けば、それが息子さんの心情にも、きっとプラスに働くと思います。

女性の水着盗む息子、暴力も
——「どうしようもない」と諦める夫

（40代女性）

40代の会社員女性。高校生の息子に親としてどう関わればいいかわかりません。

息子が中学生の時に、部屋で小学生の妹の水着を着ている姿を偶然見てしまいました。その時は「変態」と息子を叱りました。

息子は自分の部屋に女性用の競泳水着をたくさん隠し持っていることもわかりました。地元のスイミングクラブの忘れ物コーナーから盗んできたと言います。夫と一緒に「盗みは犯罪だ」と叱りましたが、その後も盗みはやまず、その度に注意をしていました。

高校に進学した息子は不登校気味になり、勉強についていけなくなりました。怒るとキレて暴力をふるうので何も注意できません。最近、息子がネット通販でセーラー服を買ったと、ゴミ箱に捨ててあった注文明細書でわかりました。夫は「どうしようもない」と諦めています。何か事件を起こすのではと思うと夜も眠れません。

（A子）

解決法アドバイス

▼一つひとつの問題を分けて扱う
――まず本人の現実的悩みの相談に乗ること

息子さんに対するご相談ですが、多くの複合的な問題が含まれています。「女性の服装をしたがる」「盗み」「不登校の傾向」「乱暴な言動」等々。私はこれらの問題は全く無関係とは言えないものの、別個に扱った方が良いと思う。

それぞれの問題を一挙に解決しようとすると、何一つ解決できないことになりそうですから。つまり、できることから手をつけるべきなんです。

その点、当面は問題行動を取り上げるのではなく、「学校や友人関係、今後の進路等の現実的悩みの相談に乗ること」から始めては？　親との相談を嫌がるようなら、学校と相談してスクールカウンセラー等を紹介してもらうこともちろん良い方法です。

要は「いけない」「やめろ」ではなく、対話を通じて「何とかしないと」という意識を当人につけさせることを当面の目標にするのです。

あと、母上だけが孤立して悩むのは良くないです。父上は「どうしようもない」と逃げているようですが、具体的に何ができる、というのではなくても、両親が共同戦線を張って事に対応することが家庭内の問題解決には重要なことです。

社内の酒席で自制できず
——飲んだ翌日 気まずい思い

（40代男性）

40代の会社員男性。社内の酒の席で深酒をしてしまいます。ほとんど記憶をなくしますが、とんでもなく横柄な態度を取っているようで、みんなから自分の記憶を消したくなります。

例えば、上司や同僚の悪口を言ったり、殴りかかりそうになったり、女性の手を握ってキスを強要したりもするようです。

おぼろげな記憶があり、飲んだ翌日は気まずく出社したくありません。自分の酒の限度は知っていますが、自制できず深酒してしまいます。

4、5年前に専門性が必要な部署に異動し、私は中堅の年齢なのに、上司の使い走りの立場になりました。子どもがいないので、子持ちの同年代の同僚たちと話が合いません。

会社を辞めて気持ちを落ち着かせたいとも思いますが、住宅ローンがあって無理です。先行きが見えません。死んでこの世からいなくなりたいとすら思ってしまいます。

（茨城・R男）

▼会社の飲み会には二度と出ない
——大切なのは会社で仕事を続けること

解決法アドバイス

孤独でやりきれない状況に絶望しかかっておられるようです。これは出来ることからやるべきだと思います。そうすれば、可能性は必ず開けるかと。

真っ先にやるべきは、会社の飲み会に二度と出ないこと。いや、お酒そのものをやめるべきです。あなたは間違いなく酒乱のレベルです。今の状態を続けるのは危険すぎます。飲酒を自己抑制できない以上、一切やめるしかない。

すでに職場でもあなたの酒乱ぶりは有名に、いや困った存在として知られている可能性がある。適材適所と言い難い職場で4、5年も頑張っていることは認められているはずですから、「あれさえなければねー」という評価が定着しているかも。

ここは「今、体調を壊しているのでしばらく飲み会には出ない」と宣言するのです。これ自体、自己抑制の姿勢です。それだけで、あなたの評価は上がるかもしれない。

そしてそのタイミングで、異動の希望を出せば良いのでは？　もちろん専門性に関わらない部署を希望する。とにかく、大切なのは会社で仕事を続けることです。職場の話題は子どものことに限らない。新しい環境での踏ん張りを期待します。

出産後に夫婦仲が悪く
——穏やかだった夫　ささいなことでキレる

（40代女性）

40代主婦。２歳の子どもがいます。子どもが生まれて生活ががらっと変わりました。仲の良い夫婦だったのに、けんかが絶えなくなりました。

以前は、けんかしても最後は分かり合えたのに、今はしっくりこないで終わることばかりです。だんなは「お前が変わった」と言います。確かにそれもあると思います。

しかし、だんなも穏やかな人だったのに、今はささいなことでキレたり、すぐに機嫌が悪くなったりします。子育てにも積極的に関わってくれません。私は２人目がほしいのですが、「いらない」とハッキリ言われました。自由を制限されるのが嫌なようです。

家事は私がチャキチャキ動くので、やらなきゃいけない気持ちになるといって、手伝ってくれます。気が休まらないのだそうです。

元の仲の良い夫婦に戻りたいので、話し合ったり、明るく振る舞ったりしているのですが、どんどん事態が悪化しているように思います。

（埼玉・U子）

▼家の中に2人子どもがいると思うべき

――褒めて叱って夫をしつける

解決法アドバイス

仲の良い夫婦が一転してけんかの絶えない夫婦へ。まあ、倦怠期《けんたいき》だと言えばそれまでですが、2人に何が起こったのか？

背景にあるのは、ご夫婦とも子どもが生まれてから変わってしまった、という事実でしょう。あなたの方は、どうしても子育て主体に変わらざるをえないのは分かります。では夫はなぜいつもご機嫌が悪くなったのか？

これは一つしか思いつきません。家庭が子ども中心になってしまい、夫はいつもないがしろ。そのように感じて、不満なのでは？　キレやすいのも「もっと僕の方も見て！」という無意識のアピールかも。まあ、父親が2歳児のライバルになっている図式と言ったらよいでしょうか。もしそうだとしたら、大変失礼ながら、かなり未熟な性格の夫と言わざるをえません。

そこで対策なのですが、これはもう家の中に2人子どもがいると思って対するしかないです。お手伝いができたら、うんと褒める。ささいなことでキレたら、「いけません」と叱る。つまり、基本的なしつけでしょう。そう考えて夫に接すれば、あなたも腹も立たず、けんかにもならないんじゃないでしょうか。

父の暴言　腹が立つ

——歩み寄ろうという気持ち　木端みじん

（40代女性）

40代の女性。60代の父の暴言についての相談です。

父は日頃から暴言と文句が多いのです。例えば、庭の草むしりをしていると「畑の方をやれ」と言ったり、何か気に入らないことがあると「バカ」と言ったり。耳が遠くて大声なので、言われた方はかなりへこみます。口だけで手は出しません。

母はいつものことだからと決して言い返しません。それで、父はますます図に乗っていると思うのです。

私も父に歩み寄ろうと思いますが、一度、暴言があると、そんな気持ちも木っ端みじんです。それで、私と父とは最低限の会話しかありません。今まで育ててくれた感謝だってあるのに。認知症の初期症状かもしれませんが、説得して病院へ連れて行くのも不可能です。

いっそ施設へ放り込んで、死ぬまで面会せず、放置できたらどんなにいいかとさえ思います。

（茨城・I子）

▼まとも取り合わないのが一番
——ただし「認知症の初期症状」も疑う

解決法アドバイス

父上に困りつつも、何とか理解してあげたいお気持ちがほのかに感じられるお手紙ですが、最後の段になって急転直下の激しいお言葉。ここにあなたの目下の感情がほとばしり出たようです。

これは一言で言えば、「相手にしない」という対応が良いんじゃないかと思います。そう。母上のやり方ですよ。

大声の暴言の内容なんですが、舌鋒《ぜっぽう》鋭く、理路整然、とても反論も出来ないようなものなのでしょうか？「バカ！」とか「畑をやれ！」といった、「かんしゃくを起こす」というレベルなんでしょ？　これが3歳児だったら、「うるさいよ」の一言で済むのでは？

そうです。まともに取り合わないのが一番です。あるいは、耳が遠いということですから、返事を返さなくても、口パクで何か答えたように振る舞うだけで十分なのかもしれません。

ただ、一つ気になるのはあなたが書いておられる「認知症の初期症状かもしれない」という部分です。もし暴言が若い時には全くなくて、人柄ががらっと変わってしまったように見えるのなら、病気の可能性あり。何としてでも医学的な診断も必要です。

ケチで変わり者の夫——夫の機嫌に振り回される毎日

（40代女性）

40代の主婦。ケチで変わり者の夫にうんざりです。

夫は年収はそこそこあるのに、生活費をあまり入れてくれません。そのくせ、牛乳を買ったぐらいでも私に請求してきます。

テレビはＮＨＫしか見ず、民放がついているだけで機嫌が悪くなります。アナウンサーがスポーツの結果を先に言うと怒り出し、子どもの前で中国や韓国を「悪の権化」と決めつけます。会社での評価が高くないことを「上司があほ」と言うのにはあきれます。

ただ、機嫌が悪くなってもすぐに直ります。機嫌がいいと、外出先で変な替え歌を大声で歌い、私や息子を妙なあだ名で呼びます。

他人には非常に誠実で親切。暴力や浮気もありません。夫の両親からは、テレビの件は笑い飛ばし、機嫌が悪くなったら無視しなさいと言われます。でも機嫌をうかがってばかりでは自分らしく生きられません。心の持ちようを教えてください。

（大阪・Ｅ子）

解決法アドバイス

▼夫の言動　深く受け止めず聞き流す
――ケチも倹約の手段として大目に見る

あなたのお手紙は、ご主人に対する実に愉快な人物評伝になっていて、「おもろいおっさんやなー」「こんな人、一人くらい居てもええんと違うやろか？」と感じました。でも確かに、近くにいつも居られると、かなり疲れる存在かもしれません。

それで心の持ちようですが、夫の言動をあまり深刻に受け止めず、あなたの世界で楽しんでいればよいのでは？　ご主人の発言で対中関係がさらに険悪になるとは思いにくいし、民放のバラエティー番組のように、面白がって、笑って軽く聞いていることです。ご主人のご両親も「笑い飛ばして、無視しなさい」と言われていますが、さすが子どもの時から付き合っておられるだけあって、コツをご存じです。

そして、あっさりしていて、悪い遊びをしない点、外づらがよい所を愛《め》でる一方、会社で意外に評価が低い点も、そこがかわいい所と思っておけばよい。

ケチだけは何とかしてほしいのですが、お手紙からは無駄遣いしたり、過度な道楽にお金をつぎ込んだり、という様子が読み取れないし、いざと言う時のために倹約している、とでも思うしかないのかもしれません。

大学生の息子がうそ
――怒られることでもないのになぜ隠す

（40代女性）

40代の母親。大学生の息子が、なぜうそをつくのかわからず悩んでいます。夏休み前のことです。息子が「休み中にバイトするかも」「旅行に行くかも」と言うので、私は「なんでも経験積んだほうがいいしね」と同意しました。

ところが、「友達の家に泊まる」と言って出掛け、実際は旅行していました。なんとなく気になってカバンをこっそり見て、わかったことです。旅行に行くと言われたら「行っておいで」と送り出すだけなのに。

このほか、新しい服を着ていたので「買ったん？」と聞くと「もらった」と。でも何着も新しい服を持っていて、明らかに買っています。私が以前、「大学生になって服もたくさんいるから、買ったらいいよ」と言っていたのにです。

私が怒るようなことをしたのなら、隠そうとするのもわかりますが、なぜ意味のないうそをつくのでしょうか？

（兵庫・K子）

▼親離れの時期が来たということ
——うそというよりちょっとした反抗の現われ

解決法アドバイス

ふむ。「うそは泥棒の始まり」と言いますが、人間、事実を正確に、寸分の誤りもなく、家族に逐一報告する義務もないわけで……。面倒くさいから、適当に返事しといた、ということもあるでしょうし、あまり根掘り葉掘り聞かれるのがうるさくて、わざと違うことを言っちゃった、ということだってありうる。私はこういうのは、泥棒に発展するうそとは思えませんがね。

お手紙を拝読して、あなたと息子さんはとても結びつきの強い、仲の良い親子なんだな、と感じさせられます。なんだかほほ笑ましい、温かな雰囲気も醸し出されています。

あなたは子どもとしての息子さんの行動が気になって、極力それを把握しておきたい。息子さんも子ども時代はそれに応じて、できるだけ報告して来たのだと思う。でももう大学生。親から独立して独自の世界を作らねばならない、そういう年頃です。そこのところを無意識に感じて、息子さんは近頃、よくうそをつくのでは？　いや、うそというより、「うるせーなー」というちょっとした反抗の姿勢ではないか。そう。親離れなんです。あなたもそろそろ子離れする時期が来た。そう解釈しては？

習い事のお歳暮に悩む
――子どもが通うと思うとやめにくい

（40代女性）

40代の会社員女性。子どもが通う習い事の先生へのお歳暮で悩んでいます。10年ぐらい前、「お菓子より、おかずになるようなものがいい」と言われて、つくだ煮などをお中元やお歳暮に贈ってきました。ところが今年の夏、「商品券のほうがいい」と言われ、あっけにとられました。気持ちの問題であり金額がすべてではないと思っていたので、悩んだ末に別のものを贈りましたが、「半分溶けていたから捨てます」と告げられました。「次はクッキーで」と注文がつき、「人に商品券を贈るときは万以下はダメ」とも言われました。

月謝も払っているので、割り切ってお歳暮などを贈るのはやめようかとも思うのですが、夫は「どうせ前に言ったことなんか忘れているから、適当でいいじゃないか」と言います。

確かに、子どもがまだ通うと思うとやめるとは言いにくいです。どう付き合っていったらいいでしょうか。

（神奈川・J子）

解決法アドバイス

▼開き直って何がほしいか尋ねてみては
——品がない人には 遠慮せず

お歳暮とかお中元というものは優れて日本的な呼吸の中で行われる慣習であって、あなたも言われているようにあくまで気持ちの問題であるわけです。だから、「何をよこせ」とか、金額を指定したりするというのは、品がないし、その人の教養レベルも疑わざるをえませんね。どんな習い事か知りませんが、こんな人に子どもを預けてよいのか、との疑問も正直持ちました。と、私もつい感情的になって書きましたが、考えてみると本筋はもちろん習い事にあるわけで、お歳暮で本筋に悪影響が出るとしたら、まさに本末転倒。

10年も稽古を続けているのも、信頼のしるしでもあるわけで、ここはそのことの方を重視して、「まあ、具体的に言ってくれる方が助かるわ」と開き直って考えて、毎回むしろこちらから尋ねてみる。

「商品券で万は無理ですけど、クッキーでよいですか?」とか、こっちもはっきり言うのはどうでしょうか。あるいは、冗談めかして、「あんまりたくさんお贈りして、お月謝が払えなくなったらかえっていけませんものね。オホホホホ(笑)」とか……。その時、あなたの目が笑ってなかったら怖いですよねー。

母の浪費癖　家計を圧迫
——母子家庭　銀行残高もあとわずか

（40代女性）

40代のパート女性。母の浪費癖に困っています。

母子家庭で小学生の息子と母の3人暮らしです。

母は年金生活者で、私の収入も不安定なため生活は苦しいです。にもかかわらず、母が無計画に買い物をして家計を圧迫します。

そのくせ、私が買い物をした時には、どこで何を買ったのかについて、口うるさく文句を言ってきます。

私は仕事をしているので、たまに母に買い物を頼むのですが、メモしたもの以外にもどんどん買ってきて、お金を請求してきます。1回の買い物で5000円近く使い、2、3日するとまたスーパーに行くと言い出します。買い物依存症なのでしょうか？

買い物費用の大半は私が出しています。母にいろいろと言うと、最後にはキレて「もう買い物には協力しない。自分で行きなさい」と言います。

銀行残高もあとわずかです。どうしたらいいでしょうか。（長野・A子）

▼通帳見せ、1日○○円しか使えないと宣言
――優しい言葉の付け加えも忘れずに

解決法アドバイス

母上の浪費癖にひどくお困りの様子なんですが、まだ話し合う余地がたくさん残っているように思えます。母上はあなたの買い物にはうるさく文句を言うくせに、自分は浪費するとのこと。まずこの矛盾を指摘し、「私も無駄遣いしないから、お母さんもやめて」と口火を切るのです。

次に「母から無駄遣い分の代金を請求されて困る」と書いてありますが、ここで圧力に屈して払ってはいけません。そもそも母上は家計の苦しさにピンときていないのでは？　ここは通帳の中身を見せて、「もう1日○○円しか使えない」と深刻な顔つきで宣言する。そこで母上が「それなら買い物に協力しない」と言えば、これこそチャンス。「では今後、買い物を頼まない」と宣言すればいいのです。食品の買い物はネットや宅配、電話での注文などいろいろな手段があると思いますから、それを利用すればいいでしょう。

以上ですが、母上を厳しく追い詰めるばかりではなく、「まあ、こうやって節約して、たまには一緒においしいものでも食べに行こう。それまで無駄遣いやめようよ」とか、優しい言葉も付け加えてあげてください。

男性上司の振る舞い不快

――女性社員に対する態度が異常　尊敬できない　（40代女性）

40代の契約社員女性。職場の男性上司の振る舞いが気持ち悪くて不快です。その上司は40代の独身です。例えば、得意先の女性社員があいさつに訪れると、帰った後に、その人のことを評価します。また、関係会社の20代女性社員を見ると、モジモジし始めたりします。そのしぐさが気持ち悪いのです。仕事に関しては、やる気ゼロです。あいさつの声すら非常に小さくて、尊敬できません。以前勤めていた会社で、店長が若い女性に、あまりにも気持ち悪い対応をしていたことを思い出してしまい、その姿がダブってしまうからかもしれません。

私は、今の職場に来て1年になります。以前は、この上司のことを気持ち悪いと思わなかったのですが、最近は不快に感じるあまり、吐き気をもよおすこともあります。

私はどうしたらいいのでしょうか。心の持ち方を教えてください。

（群馬・J子）

解決法アドバイス

▼レベルの低い輩に振り回されるのは損
――気にせず仕事に熱中　楽しいことだけを考える

これは上司の言動の内容によっては、セクハラになる可能性もありますね。まあ、理論的にはいろいろな対策があるかと思います。

「その態度、やめてください！」と正面から抗議する。モジモジの光景を見ないように目を固く閉じる。もし見てしまったら不快な表情を隠さない。あるいは、同じ感情を持つ同僚と情報交換し不満をぶちまけ合う、というのも留飲が下がるかもしれません。

しかし、こういうことが相手に響くものか、はなはだ疑問です。以前にも気持ち悪い上司がいたとのこと。浜の真砂《まさご》は尽きるとも、世にセクハラの種は尽きまじ、と言うべきか。ここで負けてはならないと思う一方、このレベルであまりことを荒立ててもどうなの？　と思わないでもありません。

ここはまあ、男性というのは、女性を見て目尻が下がったり、まさかよだれまでは出ないにしても、ニヤケたりすることがありがちである、と見切るのが利口かも。つまり、そういうレベルの輩《やから》に振り回されるのはどうみても損だ、仕事に熱中するとか、楽しむことだけを考えるとか、もっと幅広い人生を生きるようにしてはどうでしょうか。

早期退職　精神的に不安定——人生を前向きに歩むにはどうしたら良いか（40代男性）

40代半ばの男性。最近、20年以上勤めた会社を早期希望退職しましたが、脱力感や再就職への焦燥感に駆られ、精神的に不安定な毎日を送っています。不本意な異動を命じられた上、勤務する事業所が1年後に閉鎖になるため、悩んだ末に決断しました。しかし、家族の今後の生活や住宅ローンの返済などを考えると不安で、食欲不振や睡眠障害に陥るほどです。

早期退職しなければよかったという後悔の念が脳裏をかすめ、再就職活動も意欲的に取り組むことができません。最近は、かかりつけの内科医から処方される抗不安薬や睡眠導入剤が手放せなくなりました。

退職を肯定的に捉え、人生を前向きに歩むために、気持ちをどう切り替えたらいいでしょう。また、心療内科などの専門医にかかる必要はあるのでしょうか。薬づけにならないか心配で迷っています。

（群馬・F男）

解決法アドバイス

▼後悔するなら次に生かせ
——それがダメなら過去を諦める

早期退職したことをほのかに後悔し、再就職活動もままならないとのご相談です。

宮本武蔵の言葉に「我、事において後悔せず」というのがあります。一度決めたこと、後悔したってしょうがない、前に進むしかないじゃないか、といういかにも剣豪らしい名言ですが、こんなに歯切れよく生きられれば苦労しないとも思えます。

私がこれに付け加えた言葉があって、「あえて後悔するなら次に生かせ」というものです。後悔を反省材料にして次に臨め、ってことですが、これもキツイかも。そこでさらに私が加えているのが、「次に生かせねば諦めるしかない」というもので、良い意味での開き直りを勧めているものです。あなたの場合も、こういうステップで考えて、気持ちをいつもプラスに切り替えてみてください。

専門医にかかるのが良いかどうかは、病気なのかどうかによります。病気かどうかは医者に行かないと正確には判断できないので、やはり一度受診は勧めます。ちなみに専門医にかかると薬づけになるとは必ずしも言えません。たとえば私自身について言えば、受診者の約3割には薬を出しておりません。

職場で「変な人」と言われる
――飲み会で年下の同僚から何度も

（40代女性）

40代の看護師。半年前に転職してきた職場で、飲み会のたびに、一回り年下の同僚に「まともじゃない」「変だ」と言われます。

職場であたふたして落ち着きがないのと、口下手が重なっての発言だと思います。初めは冗談かとも思いましたが度重なり、悪口としか思えなくなりました。場が白けないよう、ニコニコと受け流すだけです。

ある日、仕事の後に上司からも「そんなふうだから、変な人と思われるんじゃない？」と言われてしまいました。ショックでした。

前の職場よりレベルが高く、スキルアップになると思って転職してきました。年下の看護師から教わる立場で注意を受けることもありますが、当然と思っています。職場全体の人間関係も良好です。

仕事自体は得るところが大きいので好きですが、同僚の発言はストレスでしかありません。転職を後悔することもあります。

（愛媛・E子）

解決法アドバイス

▼まだ入職して半年　味方が増えるまで待て
――酒の席での暴言もなくなる時がくるはず

うーむ。「まともじゃない」と何度も言われる……。これは特定の人だけ、それも酒の席でだけでしょ。つまり、あなたは酒のつまみ代わりにされているわけですよね。こういうことをする人の方がまともじゃないし、酒癖が悪すぎますよ。

上司も上司です。部下の不適切な発言を止めるのが役割なのに、飲み会でのいいかげんな言葉を仕事と絡めて、職場で言い放つとは！　非常識も甚だしいです。

こんな問題のある職場なのに、あなたは「得るところが大きい」と前向きに評価している。そして、下手《したて》に出て、ニコニコして、我慢している。

あなたの仕事への強い思いに心を打たれ、「頑張って！」と大向こうから声をかけたくなるのが、普通の感覚でしょう。まして、あなたが「人間関係も良好」という職場なんです。温かい感性を持った人たちが多いに違いありません。

何しろまだ入職して半年。今にきっと多くの人があなたの一生懸命さに気づいて、味方も増えてくる可能性が十分ある。そうなると、酒の席での暴言を誰も相手にしなくなるに違いない。それまでもう一息、そんな気がしてなりません。

勤続30年　早く辞めたい
——田舎に帰ればなんとかなりそう

（40代男性）


49歳男性。仕事が嫌で、辞めたくて辞めたくてたまりません。

今の会社には30年ほど勤めていますが、会社の環境が変わりました。持ち場も現場で働いていたのに、会社で統括する仕事になりました。精神的、体力的に年々つらくなってきています。

家族は妻のほか、社会人になった長男、大学生の長女がいます。家族のためと思って頑張って勤めていますが、長女が社会人になったら、転職を考えています。でも、その時に自分は50代で、不安です。田舎に住む義母が一人暮らしで、体力も心配になってきたので、それを機に田舎に帰ろうかとも思っています。田舎には兄弟や親戚、友人らがいるので、なんとかなるかという甘い考えもあります。

正直、今の仕事をすぐにでも辞めたいのです。ふと、自殺したら楽になれるか、と考えてしまいます。まだ誰にも話してはいませんが、どうしたらいいでしょうか。


（大阪・T男）

解決法アドバイス

▼まずしっかり休んで、家族に相談すること
――逃避ではなく積極的に生きる算段をつける

中国の詩人、陶淵明に「帰去来辞」という有名な詩があります。「帰りなんいざ、田園まさにあれなんとす、なんぞ帰らざる……」。あなたもこのような心境なのでしょうか。

これが陶淵明のように、「今までの自分の生き方は本物ではなかった。これからは田舎で自分らしい暮らしをするぞ！」という意欲に満ちた思いであれば、もろ手を挙げて賛成したいところです。でもあなたの場合、かなり違うようで……。

どうも現状の会社生活から逃げ出すための方策として帰郷を考えているだけのように読めます。それに何より心配なのは、「自殺したら楽になるかも」という言葉です。これはいくら会社が嫌になったとしても、飛躍がありすぎるでしょう。この心境で正当な判断ができるのかと、それが心配になってしまいます。

ここはまず、しっかり休む、ご家族に心境を話す、しかるべき医療機関にかかる、などの当面の対策を強く勧めます。そうやって合理的な判断が取り戻せてから、気持ちを再度整理して、逃避ではなく積極的に生きるために田舎に帰る、という心境であれば、安心してＯＫを出せるというものです。

アニメ声　あれこれ気を使う
――自分の声と性格が嫌でたまらない

（50代女性）

50代の主婦です。自分の声と性格が嫌でたまりません。大人になってもアニメのような甲高い声のため、からかわれたり、バカにされたりします。電話で「お母さんはいますか」と言われることもしょっちゅうです。

人と会話をする時は、少しでも楽しくなるように、と自分から話しかけているのですが、私は早口で、時に人の話の間を割って入ることもあるらしく、娘に「人の話も聞いて」と注意されました。私の話し方が知らず知らずのうちに、人に嫌がられていたとわかり落ち込んでいます。

娘の結婚相手があいさつに来た時にも、好印象を与えたくて頑張ってしゃべったら、後で「お母さんが一人でしゃべっていた」と文句を言われました。近々、相手のご両親に会うのですが、娘から「しゃべりすぎず、それでいて楽しく」と注文され混乱しています。いっそ声が出なければいいのに、と真剣に悩んでいます。

（大阪・I子）

解決法アドバイス

▼相手の話に耳を傾ける
——たまにアニメ声で合いの手を入れれば最高

これは「アニメのような甲高い声」の悩みと、人に気を使ってかえってしゃべり過ぎる悩みの二つが絡んでいるようです。これをまとめて言えば、「人に接する時に自信がない」ということになりますね。

まず声のことですが、むしろそれを売り物にしたらどうですか？「変な声でしょ。自分でも嫌になるけど、覚えてもらいやすいのよ」と進んでアピールするのです。そこでからかわれればうれしいですね。相手が親しんでいる何よりの証拠ですから。しゃべり過ぎるのは、あなたのサービス精神のなせる業であって、世話好き、親切な持ち味ゆえです。

そこで娘さんは厳しいようで、なかなか良いポイントを教えてくれましたね。そうです。会話の相手というのは概して、人の話を聞くより、自分の話を聞いてほしいんですよ。これからは「相手の話に耳を傾ける」ことで、サービス精神を発揮してみてください。

それにアニメの主人公のような特徴ある声で、時々合いの手を入れれば、とても楽しい会話になるような気がします。これであなたの二つの問題点が合体し、良い結果が生まれることを期待します。

老後　人付き合いすべきか
——友達なく、DVD鑑賞のほうが落ち着く

（50代女性）

50代主婦。働きながら子育てをしてきましたが、1年前に体調を崩しました。今は子どもは独立しています。老後の生活について迷いがあり、教えてほしいのです。

老後について、いろいろな方が「一番大事なのは健康」、そして「たくさんの友達を作って交流を」と言います。でも、私には友達と呼べる人がいません。井戸端会議は嫌いで、人付き合いが苦手というより、人嫌いだと思います。仲良くなった人もいますが、何年かたつとギクシャクします。引きこもり体質というか、外出も好きではなく、家で読書やDVD鑑賞をしている時が一番落ち着きます。

でも、こんな風に自分に甘いだけの生活は良くない、ぼけやすくなるのでは、と心配です。前向きに生きなければという焦りもあり、心の中は苦しいのです。無理をしてでも、努力して人の中へ出ていく方が良いでしょうか。

（香川・I子）

解決法アドバイス

▼個性を引き続き大事に
――ちまたの人生論に振り回されるな

老後の生き方を書いた本とか、テレビ番組とか、よくありますが、確かにそれらでは「健康で友達作って、どんどん活動しよう」といった論調が多いですよね。

でも、そういう正論（？）を主張している人たちをみると、いわゆるスーパーじいちゃん、スーパーばあちゃんであって、普通の人にまねできるものばかりではないわけで……。結局のところ「私はすごい」という自慢話にしか読めません。

そこで、ずばり。あなたはあなたのままで良いです。嫌いな人付き合いをすべきだ、なんて大きなお世話ですよ。家の中で1人読書し、ＤＶＤを楽しむ。これが「自分に甘い」ことになるのですか？　落ち着いて楽しめれば、それが最高のぼけ防止なのです。

そもそも、人付き合いが嫌い、引きこもり体質というのは、その人の個性でしょう。個性を引き続き大事にすることを強くお薦めしたいです。

それにあなたは働き続け、家庭を支え、子供を立派に育ててきた。その実績はあなたが正しく生きてきたことを何より雄弁に物語っています。

まあ、街にあふれる下手な人生論に振り回されるよりあなた自身の実績をめでた方が良いですよ。

60代夫の加齢臭 気になる

――一緒にドライブや旅行に行く気分になれない　（50代女性）

50代パート勤務の女性です。定年退職で家にいる60代の夫の相談です。子どもは独立し、夫婦2人の生活です。

半年ほど前から夫の加齢臭が気になるのです。最初は気軽に注意してコロンをつけさせたりしてきましたが、近頃は少し言うと逆切れされて、とても言える状態ではありません。若い頃に体臭のする男性とすれ違った時に、「この人の妻は何をやっているんだろう」と思っていましたが、まさか自分がこんな状況になるとは思いませんでした。

夫は優しく私が頼んだこともよくやってくれます。でも、臭いが気になりだしたらどうしようもありません。同じ悩みを持つ友人も多く、部屋を夫と別にしたりしていて、私の夫だけが特別体質なわけではないと思っています。

老後はドライブや旅行に行こうと楽しみにしていたのに、そんな気分ではありません。これからの気の持ちようを教えてください。

（T子）

解決法アドバイス

▼あなたの指摘は愛の表れ
——プライドを傷つけないようにさりげなく

むむっ。加齢臭問題……。これは近頃何かと話題を集めてますよね。社会問題というと大げさですけれど、中高年男性の最大関心事の一つかも。その分、多くの対策も提唱されているので、それらをご主人に薦めれば良いわけです。

ただ、お手紙を読むとどうもそこまで行く前段階のような……。つまり、良かれと思って指摘しても、逆切れされて先に進まないのですね。まず、なぜそうなるのかを考えてみます。

もともと優しいご主人がキレるなんてよほどのこと。これはプライドを傷つけられるためではないでしょうか？「臭い」「臭い」としょっちゅう言われたのでは、やはり傷つく。男は案外こういうことにナイーブなのです。

「誤解しないでね。別にあなたが臭いって言うんじゃないけれど、最近の男性ってこういうのを使っているみたいよ」とさりげなくせっけんの試供品を薦めるとか……。そして、多少なりとも効果が出たら、「近頃、良い香り！」と大いに褒め、気分を良くさせてやる気を起こす。こういう作戦はどうでしょうかね。においのことを他人は言ってくれない！あなたの指摘は愛の表れ。自信をもって進んでください。

弟の物であふれる実家
――プリンター10台、デジカメ20台。足の踏み場もない

（50代男性）

50代会社員男性。二つ年下で独身の弟が、父と実家に住んでいます。弟の買った物が実家にあふれ、足の踏み場もありません。

私は実家から車で40分ほど離れた場所に夫婦で住んでいます。母は10年前に他界。父は脳梗塞の後遺症で歩行にやや難があります。

弟には、ほぼ毎週、通信販売で買った物が届きます。プリンターは10台、デジタルカメラは20台もあるのではないでしょうか。開封しない物も多く、座敷や居間まで物があふれています。父はきれい好きでしたが、介護をしてもらっている関係上、あきらめていると思います。

弟は大手上場企業勤務で私のように家賃を払う必要もなく、独身なので、そういう行動に走ってしまうのかもしれません。

本人が困らない限り、他人から言われてもおそらく直らないと思います。休みの日も疲れているのか、掃除も家のこともしません。どうか助言をお願いします。

（長野・A男）

解決法アドバイス

▼収集癖の背景に孤独感があるのでは
——兄弟として話相手になる

あなたの書かれている通り、「本人が困らない限り直らない」という点に難しさがありますね。いわゆる「ゴミ屋敷」一歩手前なのですが、いくら注意しても弟さんは、「自分の金でやっていることだ。口出しするな」と言いそうです。

ただ、本人が楽しんで物を集めているのか、と言うとそうではない。このような収集癖の背景には、孤独感が絡んでいることが多いのです。

つまり、人間のぬくもりを求めても得られず、買い物の解放感でその寂しさを埋め合わせるが、しょせんは一瞬のこと。また寂しくなって買い物に走るという図式ですね。

こう考えると、まずは「心配して近づく」という作業が必要だと思う。お手紙からは、どうもこの件についてあまり話し合った形跡が感じられません。あるいは、父上の介護をゆだねているためにあまり強いことが言えないのかも。

これは「兄として注意する」と言うのではなく、ゴミ問題を別にして、「兄弟として話し相手になる」という姿勢から始める方がやりやすいような気もします。それを続けるうちに、弟さんの方から困った問題を相談してくるようになると期待したいです。

中華料理ばかり誘う夫
――ワンパターンから抜けさせる方法を（50代女性）

50代主婦。子どもは独立し、夫と2人で過ごすことが多くなりました。週末は一緒にランチに出かけますが、夫は中華料理しか眼中にありません。毎回の中華責めに閉口しています。

「たまにはパスタはどうかしら」と言っても、「じゃあ、冷えたパスタね」と冷やし中華になります。それぞれが好きな料理を食べられるフードコートに誘導しようとしても嫌がり、いつも中華料理店なのです。

夫いわく、中華には多種多様な麺やご飯、料理があり、中国4000年の歴史を踏まえれば一生食べ続けても足りないほどだとか。また、日本にこれだけ中華料理店が存在するのだから、もはや中華も和食の一部、などと言います。

私は中華料理が嫌いなわけではありませんが、ほかの料理も楽しみたいのです。普段は忙しく働く夫の息抜きの時間とはいえ、中華一辺倒だとため息が出ます。何とか夫をワンパターンから抜けさせることはできませんか。

（神奈川・Y子）

解決法アドバイス

▼料理論ではなく感情面で臨む
――ご主人はあなたをとるか、中華をとるか

うーむ。中国4000年の歴史が出ましたか。ローマ帝国2000年の歴史でパスタを食べようと言っても対抗できないか……。

そもそもパスタには中華料理の影響もあるという説を聞きますから、一種の中華料理だ、と言うのも説得力がないですかね。まあ、論客のご主人にはとてもかないそうにありません。うんと冷たい対応としては、「好きなように食べれば?」と言って付き合わない、という手もありますが、あなたはあくまでご主人と共に食事がしたいからこそ悩むんですよね。

ではご主人はどうなのか? あなたを取るか、中華を取るか、となると、絶対あなたを取ると思うんですよ。いつも2人で過ごしたいラブラブの関係と見えますから。

ここのところが大事です。料理論で説得できないとしたら、感情面で臨むのです。「あなたと一緒の食事がとても楽しみ」「だから時々は和食も入れてね。イタリアンもね」とか泣きつくのが良い。そして「その代わり夕食は中華を作るから」とか、交換条件を出すのです。プロの味には勝てないとしても、その心意気がうれしい。ご主人もそう思ってくれませんかね。

不本意な退職後、落ち込む
――どう気持ちを切り替えれば良いのか
（50代男性）

50代男性。2年前、精神的につらくなって約30年勤めた会社を退職しました。今は契約社員として別の職場で働いています。いまだ気持ちの整理がつかず、前向きになれないでいます。

元の会社では、上司や仕事への不満や不安が募って眠れなくなりました。心療内科にも通院しました。子どもの教育が終わり、ローンもなく、退職金の割り増しで生活資金は何とかなるので、家族や同僚に相談して早期退職しました。その後、職を転々とし、収入面で元の会社の3分の1程度の今の職場に就きました。

退職するとは夢にも思わなかったので、仮に勤務を続けたらどうだったろうと考え、他人と比較して落ち込み、これで良かったのだと思う気持ちが入り乱れて葛藤しています。

もっと、いきいきと、はつらつと仕事に励みたいのです。どう気持ちを切り替えれば良いのかアドバイスをお願いします。

（群馬・Ｉ男）

解決法アドバイス

▼今は思考停止の時期
——時間をかけて新しい人生の楽しみ方を見つける

取り戻せっこない過去のことで、いつまでくよくよ悩んでいるんですか？　大切なのは今でしょう！

まあ、こういうのが正統なアドバイスなんでしょうね。しかし、30年も勤めた会社を辞め、給与も大幅に下がったとなれば、割り切れなくても無理もないかな、と同情する向きもあるかと思います。プラス面、マイナス面、合わせていろいろ出して、一生懸命、頭で考えておられる。ああでもない。こうでもない。あの時ああしていれば……。

しかし、これだからかえって整理できないという面もありそうです。論理的に見えても、感情は考えるほどこじれることがありますから。あなたの場合、まさにそういう状態であって、気落ちして過ごしているのもそのためです。

これは時間がまだ必要ですよ。何しろ30年勤めたのですもの。低収入とはいえ、生活はそれなりに安定しておられるようなので、「今は思考停止の時期だ」と思っておけば？　あえて取り組むとすれば、「たとえ貧しくても、いかに人生を楽しむか」を工夫してみるのは悪くないかも。ほら「人生、金だけじゃない」とも言うでしょう。

妻からゴミ扱い　蒸発したい
——早く死んでしまいたいとすら思う

（50代男性）

結婚して20年以上が過ぎた50代男性。妻が私をゴミ扱いします。休みで私が家にいると嫌がるので、仕方なく外に出かけ、図書館で時間をつぶします。子どもが生まれて寝室は別になり、旅先でも私のいびきがうるさいと別の部屋に泊まります。

妻は私が入った風呂は汚いと湯を取り換え、洗濯物も私のものは別に洗います。家には「汚されたくないので触らないでください」といった私向けの注意書きが満載です。アイロンの掛け方が乱暴だとか、トイレの回数が多いとか、私への文句や批判しか言いません。

仕事で神経を使うから家ではくつろぎたいと言っても聞いてくれず、口げんかになります。子どもは妻の味方です。寝室しか気の休まるところがなく、よく眠れなくなりました。

妻が変わることは絶対にないと思うので、蒸発でもして一人穏やかに晩年を迎え、早く死んでしまいたいとすら思います。

（東京・G男）

▼我慢せずにもっと怒るべき

――「こんな所、居られるか！」と本気を示す

解決法アドバイス

一般論で言えば、日本の男性は会社でよく仕事をしても、家ではだらだら過ごす人が多いので、家庭での評価はもう一つですが、あなたの場合は極端すぎる。ゴミ扱いされて、「早く死にたい」とまで思うとは……。これはもはや、夫婦間の問題を超えたいじめや虐待のレベルでしょう。

もちろん「夫婦の対話」が成立すれば良いのでしょうが、それ以前にこれはもっと怒って良いのではありませんか？　おとなしく蒸発するのではなく、怒りで沸騰して「こんな所、居られるか！」と離別宣言しても不思議ではないと思う。

あなたが我慢しているので、そんなに思いつめていると奥様も思っていない可能性だってある。ここはあなたの本気を見せることです。そこで奥様が多少考え直してくれれば良し。「あ、そう。じゃさっさと出て行けば？」と言われるようだと、さすがに内心ではこちらもひるみますが、そこまで言われてなおかつ夫婦を続ける意味があるものでしょうか？

あなたは「一人で穏やかに晩年を迎えたい」とまで考えておられる。そのメッセージを伝えて、初めて夫婦の話し合いがスタートできるように思います。

何もかもただ面倒くさい
——すべてが終わりになればよいと眠りにつく毎日

（50代男性）

人間・男・50代。ただ、ただ、毎日が面倒くさい。口から出る言葉は、嫌だ、面倒くさい、疲れる。それでも腹は減る。食べてしまう。食べるのは、パンとバナナ、時々、納豆、豆腐。

昨年はひどい腹痛で救急で運ばれた。痛いことは嫌だ。苦しいことは、もうこりごりだ。自分で死ぬのは苦しいだろう。それに、そうする力もなく、ただ、それすら、面倒くさい、と。

人間も地球も、もうこりごり。3000年眠りたい。3000年後の世界を見てみたいと考えた時もあったが、今は、ただ、ただ、毎日をやり過ごして、ただ食って眠るだけ。地球に、自分の体に大隕石《いんせき》でも落ちて、すべてが終わりになればよいと、考えながら眠りに就く毎日。

何を相談しているのかもわからない。こんな人間。このハガキも投げやりの勢いで、ようやく出す。死ぬこともできず、ただ、ただ、やり過ごす毎日。

（青森・A男）

▼なぜ人間は生きているのか　そもそも不思議
——人生相談したところに生きる意欲を感じる

解決法アドバイス

まるで一編の詩を読むような独特の美文にまず引かれました。ただ、その内容はかなり深刻です。きっと何かのひどい体験で深く傷つけられてしまったものと推察されますが、それが具体的に書いてない。これはどう人生案内してよいものか、正直戸惑いました。

しかし、考えてみると人間なぜ面倒くさがりもせず生きているのか……。そちらの方が不思議な気もしないでもない。私の見るところでは、多くの人間はここをどうにかごまかして暮らしているように思えます。

ある哲学者によれば、人間の生きる理由には「快楽」「倫理」「信仰」の3段階があるそうです。つまり、「楽しいことを求めて」「世のため、人のために」「神様の救いを信じて」の3種の生きがいですね。まあこれをヒントにすれば、このどれか、自分のレベルに合った生きがいを開発すればよいように思えます。

あなたは「そんな面倒なことできるか！」と言われるかもしれない。でも、ここに相談されたこと、私のややこしい文章をここまで読んでいただけたことだけを見ても、あなたの生活のエネルギーが完全に枯渇しているようには思えないのですが……。

夫とも彼とも別れたくない
——行き場のない恋心　もてあます

（50代女性）

50代働く女性。夫も子どももいます。60代男性との交際に悩んでいます。その男性とは、20代で知り合って、今までは5人程度で食事をする「グループ交際」でした。4か月ほど前に「2人だけで飲みに行こう」と誘われ、深い仲になってしまいました。

彼にも妻子がいます。夫とはセックスレスで、この7年間一度もしていません。彼とキスをしたいのが正直な気持ちです。「夫にばれたらどうしよう」というスリリングな関係でドキドキです。

彼のことも夫のことも好きです。彼と別れたくない一方で、自分の夫と家庭も大切にしたい。彼にも家庭を大切にしてほしいです。

2人でお茶までは許されますか。彼と話し合って、「肉体関係はやめましょう」「キスまではOKです」と、お付き合いの内容を相談した方が良いでしょうか。気持ちが揺れていて不安定です。行き場のない恋心で自分はどうしたらいいのでしょう。

（栃木・U子）

解決法アドバイス

▼「これなら許容範囲」という勝手な思い込み
——大やけどの前に引くのが大人の判断

「彼も夫も好きです」「家庭は壊したくない」「彼とは別れたくない」とめんめんとつづられています。二つの愛の間で揺れ動く女心という図式なんですけど、非常に単純化して言えば、「バレないように浮気を続けるにはどうしたら良いですか?」という問いかけですよね。これは。

「結局あなたは自分に都合の良いようにしか考えてない」と言う声も聞こえて来そうですが、この背景に夫のセックスレス等の事情がありそうだし、倫理的にどうこう、という話にもっていく気はありません。

「このままだと危ないことになる」というリスク論の見地から考えるべきです。

ここであなたは「条件付き交際なら許されるのか?」という提案もされていますが、そもそも2人で会うこと自体すでに浮気だし、「これなら許容範囲」という勝手な思い込みで気が緩んで、かえって発覚の危険が高まりかねない。

それでも彼と会い続けたいと言うなら、バレた時にどうするつもりか、そこまでちゃんと考えておかねばなりますまい。あなたにその時の覚悟がないようなら、ここは大やけどの前に引くのが大人の判断かと。

50代主婦　体臭に悩む
――体臭への恐怖心からうつ病にも

（50代女性）

50代の主婦。自分の体臭のことで悩んでいます。

家族に相談したら、みんな協力的でした。その結果、頭と足が臭うが、ひどい状態ではないとのこと。シャワーを浴び、デオドラント製品を使ったりもしましたが、効果はありません。先日、バスで小学生の集団から「臭い！」と指摘されて、ますます落ち込んでいます。

体臭への恐怖心から、5年ほど前にうつ病になったこともあります。先生は「臭わないですよ」と言ってくれましたが、信じられません。身内にはこんな臭うものは一人もおりません。私だけがこんな苦しみを……と思うと、死にたいくらいです。他人様にはどうでもいい悩みですが、私にとっては深い悲しみなのです。せめて孫には遺伝しなければいいのですが。

いろいろなことに積極的に挑戦し、あれもやりたい、これもやりたい、と妄想だけが浮かびます。どなたかこんな私を救っていただけませんか。

（東京・Y子）

▼自信の回復が自己臭妄想を追い出す
——積極的に挑戦したい気持ちを大切に

解決法アドバイス

客観的な理由がないのに、「自分の体から悪臭が出ている」という悩みを持つ人は日本人にとても多くて、「自己臭妄想」と言われることもあります。

この場合、そもそも臭わないということを本人に認めさせるのは簡単ではありません。体のどの部分でも、よほど近づけば少しはニオウものですが、そこを自分で嗅いで確認してしまう。また、日常生活のいろいろな場面でニオイのことが話題になる機会は多いと思いますが、他人のそういう会話をみんな自分のことに結びつけて解釈するので、「私はニオウ」という観念が固まってしまう。

実は、この深層心理にあるのは、「自分は嫌われている」という自信のなさなんですね。この部分が改善された時にニオイの悩みも良くなるんです。

あなたの場合、最後にとても良いことを言われている。「いろいろ積極的に挑戦し、あれもこれもやりたい、という妄想を浮かべる」と。こういう妄想なら自己臭の妄想を追い出す力になりえます。大いにこの妄想を実践して、自信を回復することを勧めます。最後にこういう状態はもちろん遺伝とは無関係なことを申し添えておきます。

夫が浮気 関係修復の道は
――ずっと我慢してきたという言葉がのしかかる

（50代女性）

50代主婦。夫が私の旅行中に部下と浮気をしました。夫は最初「知らない」と言い張りましたが、その後で「俺のすることなすこと嫌って文句ばかり言うお前に、ずっと我慢してきた」と逆切れしました。

夫は品がなく、次々に新しい趣味に走り、物ばかり買ってすぐ飽きます。一人の行動が好きで、家族サービスや気遣いができません。

6年ほど前は、私が男性から好意を寄せられました。気づいた夫に離婚届を見せられ、それっきり。今後は互いに気持ちを話し合おうと反省しましたが、いつしか元の通り、文句ばかり言うように。私は甘え下手で構ってと言えません。ずっと我慢してきたという言葉が重くのしかかり、自分を反省しています。この先は支え合って暮らしていきたい。でも、浮気をした夫を責め立てたい思いもあります。気遣いのできない夫と文句ばかりいう妻の修復はどうしたらいいのでしょう。

（東京・T子）

解決法アドバイス

▼浮気の追及前に自分の反省点をまず語る
——逆切れ主人の言葉が生んだ対話の契機

失礼ながら、ずいぶん仲の悪い夫婦だなという印象を受けます。それ以前にお二人ともコミュニケーションの取り方が下手すぎる。ガミガミ言う側と言われる側に分かれていて、あなたにはご主人の欠点だけが見えて、それを批判するだけ。ご主人はあなたの気持ちから逃げて、一人の世界にひたっている。まあ、対話不足です。

しかし浮気騒動があり、逆切れの形であなたにご主人がぶつけた言葉であなたは気がついた。皮肉にもこの時、本当の対話の契機が生まれたように思えます。

あなたはお手紙で自分の問題を実に的確に反省されている。ただ、ご主人にそれを話した形跡がない。6年前に浮気予備軍（?）の事態もありましたが、その時に本当の話し合いが行われたのなら、今日の事態は防げたはず。今からでも遅くない。浮気の追及以前に、この手紙に書かれている反省点をご主人にまず語ること。それでもまだあなたへの憎悪にこだわるようなら、正直、夫婦を続ける意味があるか、疑問です。

ただ、ご主人の口からはリコンの「リ」の字も出てないし、本音はあなたとの関係を続けたいのだと思えますが……。

ヘビを殺した小3息子
――命の尊さを言い聞かせてきたはずなのに

（50代女性）

50代の主婦。小学3年生の息子がヘビを殺したことを知り、心配になりました。

家族で雑談中に出た話です。息子によると、昨年夏、友達と2人で川で遊んでいた時にヘビを見つけ、友達に「お前もやれ」と言われて殺したそうです。

我が家にはペットもいるので、命の尊さは折に触れて聞かせてきたつもりです。私が「そのヘビ、怖かっただろうね。お母さんもいたかもしれないね。もう家族の元へは帰れないんだよ」と言うと、多少は神妙な顔つきになりました。その瞬間の気持ちは覚えていないそうです。

息子は友達も多く、明るく思いやりのある性格です。私のことを大好きと言ってくれ、就寝時は本を読み、話をします。

ゲームやネットは比較的自由にさせています。これから難しい年頃になると思いますが、親としてどんな心構えでいたらよいでしょうか。

（神奈川・R子）

うーむ。私は田舎育ちなものですから、子ども時代にはヘビやカエルに囲まれて暮らしていたようなものでしたが、そのうちの何匹かははずみで殺したことがあるかも……。

動物愛護の精神からして、それが褒められたものであるわけないんですが、親も親で、「こんな残酷な子は先が思いやられる」と心配した様子はないし、まあその子も一応普通に育ちましたからね。

だから「心配ないんじゃない？」というのは手前みそすぎますが、殺人を犯した子どもが犯罪の前にペットを残虐に殺した、などというニュースが近頃強調されますから、そういう観点から心配されているのでしょうかね？　いや、自然界の動物は殺していいがペットはダメと言いたいのではありません。母上の言われた「動物の命の大切さ」論は全面賛成ですし、「ヘビのお母さん」の比喩なども実に適切だと思います。

解決法アドバイス

▼大事なのは問題を母子でやりとりすること
――あなたの思いは確実に届いているはず

このポイントは、その時の息子さんの「神妙な顔つき」でしょう。この時、あなたの思いは確実に息子さんに届いたと思う。この問題をこうしてやりとりする母子。この将来に何らの心配も感じられないというのが、いきさつをお聞きした私の正直な感想です。

義父母の仕打ち許せず35年
——過去のことふと思い出し こみ上がる怒り

（50代女性）

50代のパート女性。35年前の義父母の仕打ちがいまだに許せません。

義父母とは、夫と結婚後に同居していました。ところが、1年後に義父が単身赴任になると、義母は電話で義父に「さびしい」とこぼし、私の悪口を言うようになったのです。ぬれぎぬを着せられた私は毎週末、帰宅する義父にどなられ、両親の悪口まで言われる始末。まだ若く、弁解できませんでした。

4年ほど同居しましたが、精神が不安定になり、近くのアパートに引っ越しました。しかし、週末に娘を連れて義父母の家に行くと、しばしば嫌みを言われました。

義父は3年前に他界しました。認知症の義母は至れり尽くせりの施設暮らしです。義父が亡くなったら、義母にいろいろ言ってやろうと思っていましたができず、すっきりしません。

今は幸せです。過去のことは忘れればいいのですが、ふとしたことで怒りがこみ上げます。

（神奈川・A子）

▼耐えて勝ち取った今の幸せを大切に
——認知症の義母を許すをゆとりを持つ

解決法アドバイス

義父母への恨みの気持ちが語られています。とても優しい字ですが、内容は怒りに満ちています。私も読んで腹も立って来ましたが、むしろ「よく我慢したな」と感動しました。理屈に合わない叱責を受けて、それでも弁解せず、耐え続けた。残酷な体験でもあり、そのために精神状態が不安定になっても無理もないと思います。

ただ、「今は幸せ」とのこと。これはハッピーエンドのドラマです！ 良かった、と思うと同時に、「ここで35年前のことを思い出して、またストレスを感じてほしくない」と強く感じました。

だって、過去を思い出して苦しむことは、義父母の理不尽な攻撃に負けたことを意味するんじゃないですか？ 私には、あなたが耐えて耐えて勝った、最後の幸せを勝ち取った、というふうに思えます。いや、そのように思いたいのです。

それが、いまだに昔日の不幸に支配されているとしたら、完全勝利ではない。それではあまりにもったいなさすぎます。認知症を病んだお義母《かあ》さんに「いろいろありましたね」と語りかけて許す。そのくらいのゆとりがあってこその完全勝利でしょう。

50代女性 同僚男性と車通勤
――やめたほうがいいと同僚から忠告を受ける

（50代女性）

50代の会社員女性。同僚男性の車に乗せてもらって毎日通勤しています。この同僚男性と、もう1人の同僚女性とは会社でも特に仲が良く、2、3か月に1度、3人でドライブに行きます。

先日のドライブ中、私が彼の車で通勤しているという話になったとき、彼女は「それはおかしい。すぐにやめたほうがいいよ」と忠告してきました。彼は「同僚として、通勤途中に送り迎えをしているだけ」と言ってくれました。

私は、会社までの30分間のおしゃべりや、駐車場で短時間テレビを見るのがとても楽しいのです。いつも助手席に座っています。

もちろん、男女の関係はありません。双方の家庭はうまくいっています。彼の奥さんにも、私の夫にも、一緒に通勤していることやドライブのことは知らせていません。私たちの関係はおかしいのでしょうか。アドバイスをお願いします。

（長崎・I子）

▼夫にバレたら家庭崩壊のリスクも
――悪いことはしていないと主張しても通らない

解決法アドバイス

この男性とあなたとの関係ですが、ひそかに一緒に遊びに行ったり、通勤もこっそり楽しんだりしているとなると「浮気」という雰囲気がちらほら漂います。

もちろん、肉体関係はないし、これぐらいのプラトニックな関係は許容範囲だ、という意見だって当然ありうるとは思います。しかし、あなたがご主人に隠しているところからも分かるように、「夫への裏切り」という側面はあるし、あなたはそれを自覚されているわけです。

いや、道徳的観点以前に、ものすごくリスクがあります。これが絶対バレないという保証はあるのですか？　もしバレたら、あなたが極端に悪いことはやっていないと主張しても、それが通用しますかね？　それどころか、事実以上の誤解を持たれて、家庭崩壊に行きかねないのでは？

あなたの女性の友人が「すぐやめるべきだ」と言ったのもまあ、その辺りを考えてのことでしょう。この助言にもかかわらず、今の関係を続ければ、女性の友人も巻き込まれるのを恐れて、遠からず離れて行くような気もします。苦しい決断ですが、ここが潮時かと……。良き友人を失わないためにもですね。

何も言わずに友人が自殺
――何でも相談できる間柄だったのに

（50代の友人を失った女性）

自営業の女性。友人が自殺したショックから立ち直れずにいます。

その友人は独身の女性。最初は、私と夫が経営する店のお客さんでした。だんだん仲良くなり、何でも相談できる間柄になりました。5、6年の付き合いになります。毎日のように顔を合わせ、互いに料理を持ち寄ったり一緒にコンサートに出掛けたりしました。

ところが、警察から突然電話があり、彼女が自殺したことを知らされました。彼女に対し、私が最後に電話をした人間だったようです。その時は電話に出なかったのでメールをすると、「出掛けているから後で連絡するね」という返信がきました。その後すぐに旅立ってしまったのです。まだ50代でした。

遺書はなく、理由がわかりません。どうして私に相談してくれなかったのか。精神的に耐えられず、体調を崩してしまいました。

こうして相談するのも苦しいです。

（東京・W子）

解決法アドバイス

▼あなたを巻き込みたくなかったのでは
——彼女の気持ちを汲んで静かに供養を

友人が亡くなっただけでもショックなのに、全く予期しない突然の自殺。あなたの悲しみを少しでも和らげる言葉はないものか……。しかし、ここで「お気持ち分かります」「あなたに罪はない。仕方なかったのですよ」「時間が解決しますよ」などの一般的な言葉ではとても救いになりそうもありません。

ただ、何度もお手紙を読んでみて、「肝胆相照らす親友であったのに、死ぬほどの悩みをなぜ相談してくれなかったのか」「最後の最後に連絡したのに、なぜ思いとどまれなかったのか」という無念さがあなたの苦しみを増幅しているような気がして、せめてこれに対する答えを探してみようと思いました。

これは、あなたを巻き込みたくなかった、というお友達の一貫した気持ちゆえではないでしょうか。5、6年もの間、本当に楽しく過ごせたあなたとの仲を、どろどろした自分だけの苦悩で汚したくなかった。それほどあなたのことが好きだったのです。

彼女のこの気持ちを汲《く》むことこそ、今は大切だと思う。なぜ、どうして、とあまり考えず、静かに供養する気持ちと言うのでしょうか。

大食漢の息子　健康面心配
――土日にはごはんを日に7、8回

（30代息子の母親）

30代息子の母親。大食漢の彼の健康が心配です。

息子は独身で、会社勤めをしています。家にいる時はインターネットをしているか音楽を聴いています。

土日の休みには、ごはんを日に7、8回も食べます。胃に穴が開いているんじゃないかと思うほどです。太っています。お酒はあまり飲めません。

こんな食生活を続けていたら糖尿病になってしまわないかと心配です。しかし本人は健康には無頓着。以前、会社の健康診断で尿に蛋白《たんぱく》が出たことがあるのですが、病院の検査に行きませんでした。尿に糖が出たとしても行かないのではないかと疑ってしまいます。

「糖尿病がひどくなって失明したり足を切断したりした例もあるんだよ」と注意を促そうとすると、話の終わらぬうちに、割れんばかりの声で「うるさい」とどなりつけてきます。

なんとか大食をやめさせる方法はないでしょうか。

（東京・Y子）

解決法アドバイス

▼過食症の治療が必要
――どなりちらすのは大食後の自信喪失が原因

うーむ。胃に穴が開いているのかと思いたくなるほどの食べ方ですか……。うまい表現ですね。いや、感心している場合じゃありません。これは「むちゃ食い症」と呼ばれる状態です。ご心配のように糖尿病のリスクも高まるし、肥満によっていろいろな余病が出る可能性がある。食習慣を通常の形に戻すべきことは明らかですが、それが簡単じゃない。

実は、やめねばならぬとご本人が一番分かっていて「また食べてしまった！」と大食の後はがっくりして、すっかり自信喪失しているのです。だから母上が注意したらどなり返すしか方法がなかったわけです。

この深刻な状態には、平凡なことしか言えません。平凡過ぎて人生案内の回答になっていないとお叱りを受けますが、あえて書きます。

一つは「これは病気だ」と喝破して、心療内科等の医療にかかること。もう一つは、食事からいったん離れて「むなしさ」「寂しさ」をどう解消するか工夫すること。この二つは矛盾しているようでもありますが、過食症の人のテーマを文字で記せばこうなります。時間をかけてこのテーマに取り組むしかありません。

パチンコにはまった妻　（60代男性）

——注意するとケンカになるので文句を言えず

60代の自営業男性。妻がパチンコにはまっています。10年ほど前からで、今ではほぼ毎日、朝から夕方までパチンコ店通いです。できるだけ家にいてほしいと言うと「何で家にいなければいけないの！」と激怒して、ケンカになります。

嫌な思いをするのはたくさんなので、この1年間は一切パチンコの話はせず、文句も言いません。そうすれば普通に過ごせます。

毎月の生活費は渡しています。仕事を終えて真っ暗な家に帰り、妻がパチンコから帰るのを待って夕食。何のために自分は働いているのかと思います。この生活がいつまで続くかと思うと本当につらいです。

近くに住む息子夫婦は、私の気持ちを理解してくれています。息子や知人とも妻のパチンコのことで話し合ったのですが、誰が何を言っても無理との結論になりました。とにかく波風を立てないで本人が気づくのを待つしかないのでしょうか。

（千葉・G男）

かなりのレベルの「ギャンブル依存症」
——兵糧攻めが一番

解決法アドバイス

パチンコ等のギャンブルにはまって社会生活に支障をきたす状態は、「ギャンブル依存症」と呼ばれています。これにもいろいろな程度がありますが、奥様のケースは簡単に説得できるレベルではないような気がします。なにしろ、「やめなきゃいけない」としつこく正論をぶつけるほど意固地になるみたいですし、第一、当人はやめなきゃいけないと思っていないんですからね。

これは「兵糧攻め」と言うと表現が悪いですが、パチンコのための資金提供をまず断つことかと……。確かに激怒されるのも面倒だし、つい文句も言わず資金も沢山出して、そっとしておこう、ということになるのも理解できますが、これが一番当人のためにならないのです。

家業の経営が危うくなったとか、何らかの理由をつけて、「パチンコをやるのも良いが、今後お金は出せない」と、決然として言い放つべきでしょう。

あと一つ、これをご主人一人で背負い込むと疲れて先に倒れてしまいます。その点、息子さんや知人を集めて話し合ったことは高く評価できます。さらに作戦会議を重ね、皆で事に当たることも重要なポイントです。

人の意見聞かない夫
——最近は早く死んでほしいと願う

（60代女性）

60代の自営業の女性。結婚して40年以上になりますが、人の意見に耳を傾けない夫が嫌でたまりません。

夫は一言で言えば、自己中心的。自分の意見が一番正しいのです。私が違う意見を言うと、以前は暴力、暴言でしたが、最近は何日間も口をきかなくなります。2人きりなので家が暗くなるため、私が謝ります。

子どもたちは、「ほっとけ」と言いますが、私は夜も眠れず、帰宅した夫の顔を見るとドキドキして、心が乱れます。

私は明るい性格で、夫以外の人とはバカを言って騒いでいます。そんな私を見ると夫はどなってバカにし、私の友人まで軽蔑するので夫の前ではおとなしくしています。そのギャップにイライラして大きな声を出したくなる。家での私は私でないのです。

最近は早く死んでくれればと願っています。どうしたらこの生活から逃れることができるでしょうか？

（神奈川・F子）

▼「相手にせず」が最も現実的な解決法
——夫と関係のない自分の世界を作ること

解決法アドバイス

ご主人を単に嫌がるだけでなく、「早く死んでくれ」とまで願う！　ここまで来ると、もう仲を修復するのも困難でしょう。そうです。離婚するのが一番ですよ。他にありません。と、思いましたが、どうも離婚は考えておられないようで……。お手紙からはそういう方向は読み取れないし、別れられないからこそ、「死んでほしい」という言葉になるんでしょうから……。まあ経済的な面とか、家業のこととか、事情もありましょう。

となると、現時点で一番現実的なのは、「相手にせず」ということであって、要するに無視です。お子様たちが「ほっとけ」と言うのもそういうことでしょう。

確かに一方的にやられっぱなしみたいで悔しいですが、「この際、こういう輩《やから》はたてまつっておけば良い」とでも考えて、夫が生きていようが、死んでいようが関係のないあなたの世界を作り、そこで大いに人生を楽しむという方針でいくのが一番良いと思う。

幸いあなたは明るい性格で、馬鹿話のできる友達が多いとのこと。これはあなたの人徳。いや、強みです。そういう強みを持つ自分の勝ちだとひそかに胸を張って生きることに尽きるでしょう。

60代女性　主治医に片思い

——信頼関係がいつしか恋愛感情に誤変換

（60代女性）

パートで働く60代女性。いい年をして恥ずかしいのですが、主治医に片思いをし、気持ちの整理がつきません。

10年近く整形外科に通い、手術も3回受けました。主治医は手術後に優しく手を握ってくれ、その温かさに痛みを忘れました。医師と患者の信頼関係が、いつしか私の中で特別な恋愛感情に誤変換されてしまいました。

彼は妻帯者で社会的立場もあり、離婚歴があって独身の私とは別次元の人と認識しています。若い頃は子育てに夢中でがむしゃらに生きてきた私ですが、今は無性に人恋しいのです。

気持ちを自分の中にしまい切れず、外来で感傷的なことを口走ってしまいました。でも、彼はやんわりと拒絶し、私が触ろうとした手を素早く引きました。ショックでした。主治医を代えるべきだとも思いますが、せつなくてできません。会う機会をなくせば時間とともに忘れられると思う一方、これが最後の恋で生涯忘れたくないとも思います。

（島根・S子）

▼誤変換された感情を再変換し元に戻す
――主治医から離れる必要はまったくない

解決法アドバイス

生涯忘れたくない最後の恋。何だかとてもロマンチックです。これはどうにか成就させられないものかとも思いますが、とてもかなわぬことのようで……。

だとすると、別れて忘れるしかないものか。でも、それでは何だかあまりに寂しすぎます。それにお手紙からは、今とても別れられないお気持ちもはっきりと読み取れます。どう心の整理をつけるべきでしょうか。

これはあなたにとっては失恋だが、彼にとっては仕事上の小さな出来事にすぎない。その事実をむしろ利用しては？　普通失恋すれば別れは必然。でも、この場合そうではない。病気が続く以上、良き主治医との関係も続くんですもの。

それに、もともとこの恋心は、医者患者の信頼関係が誤変換されたもの。だとすれば、これを機会に再変換して本来の姿に戻したら良い。いや、ワープロではあるまいし、感情はそんなに簡単に変換させられないとおっしゃるのなら、だからこそ時間が必要だと言いたいです。

結論。今、主治医を離れる必然性なし。「この間は失礼しました」とさりげなくわびた上で、御自身の気持ちの変化を見届けつつ、通院を続けるのが良策です。

不倫の彼から連絡途絶
——心から愛し　死ぬまでつきあいたい
（60代女性）

60代の主婦。不倫と知りつつ、一回り以上年下の彼と15年つきあってきました。その彼から連絡が来なくなりました。

夫とはずっとうまくいっていません。離婚に同意しないので、ずるずると来てしまいました。年下の彼とは趣味の会で知り合いました。彼にも家庭があります。私は彼のことを心から愛しています。携帯電話に連絡があれば、すぐに飛んでいきました。相性が良く、何もかも好きなのです。

ところが最近連絡がありません。先日、ドライブの時に私が運転していて、溝に落ちそうになってしまったことがありました。それを彼は不安に思ったのでしょうか。それ以外、思い当たることがありません。

このまま死ぬまでつきあっていたかったけれど、無理ですよね。そっと忘れていくしかないのでしょうか。彼の家庭を壊すつもりはありません。いつも私の方が積極的でしたが、15年もつきあったのだから、彼も私のことを好きだったと思いたいのです。

（岐阜・T子）

▼いつか訪れる必然の別れ
――「美しく終わった恋」と考えるべき

解決法アドバイス

彼のことが好きで好きでたまらない。あなたの思いがよく伝わるお手紙です。

でも、これは愛する彼氏との純愛相談のように見えて、実は複雑な色彩を帯びています。彼は不倫相手ですからね。どうも夫との不仲が背景にありそうですが、不仲の原因など、夫婦間の詳しい事情が書いてないし、ここで不倫が道徳的にどうこう、と言うつもりはありません。ただ、あなたはかなりリスクの高いことをしていた点を自覚すべきかと……。いや、あなたにとっては万一浮気がばれて離婚になっても失うものは少ないようだし、15年続いた関係がある面理想だったのかも。

でも彼は家庭を壊したくないわけで、車が溝にはまるよりもっと危険だと、ひやひやの連続だった可能性もある。そう考えると、彼が急に連絡して来なくなる事態がいつあっても不思議はないような気がする。

これはあなたには間違いなく悲しい別れですが、相手の立場からすればいつか来る必然とも言えそう。それに、ご主人との関係、彼との関係の両方がずるずる来てしまうのはいかにもまずい。その意味では「美しく終わった恋」と考えた方が良いのかもしれません。

新聞読むのに時間かかる
――集中力を高め、ボキャブラリーを増やしたい
（60代女性）

60代主婦。子どものころから本を読まなかったせいか、活字を読むのがとても遅いのです。

一つの新聞を読むのに2時間半もかかってしまいます。毎朝、新聞を読まないとほかのことに取りかかれません。それでも隅から隅までは読めません。それでいて記事の内容を把握していないことがよくあります。集中力が足りないのです。数日留守にすると一日がかりで新聞を読む有り様です。多忙な人が何紙も購読するという話を聞くたびになぜそうできるのか不思議でうらやましく思います。

いろんな本を読みたいのに時間が取れず、人間的視野の狭さも感じます。ボキャブラリーに乏しいせいか、人との会話でも言葉に詰まったり、不適切な言葉を使ったりして、恥ずかしく思うこともよくあります。

集中力を高めて、新聞を短時間で読み、ボキャブラリーを増やす方法はないでしょうか。真剣に悩み続けております。

（群馬・E子）

解決法アドバイス

▼自分が読みたいところだけ読めば十分
――ボキャブラリーを増やす方法も多様

こんなにも熱心に新聞を読んでいただけること、新聞社に成り代わり御礼申し上げます。ただ、あなたは新聞を読むのに時間がかかりすぎるので、そのことが読書を妨げ、人間的視野を狭くしているという問題意識をお持ちです。

新聞を読むのにこんなに時間がかかる理由の一つは、読む速度が遅い点です。文字を読むのがもともと遅い「読字障害」という障害がありますが、子どもの時から極度に字を読むことに支障が無いかぎり、これは考えにくいと思う。

そうなると、「毎朝、全部を精密に必ず読まねば」というこだわり意識が強く、長い時間がかかるので、ますます集中力が切れるという説明がつきます。

これは新聞社に怒られるかもしれませんが、忙しい毎日の中で、そもそも新聞を隅から隅までじっくり読める人はそう多くはないのでは。自分が読みたいところだけ読めば十分だと思いますよ(ただ、人生案内は必ず読んでくださいね)。

ボキャブラリーを豊かにしたいという願望も書かれていますが、これは新聞や本だけではなく、テレビや映画、インターネットなど映像メディアも合わせて利用されると良いと思います。

地震におびえる毎日
――夜、心臓がドキドキして眠れない

（60代女性）

60代女性。いつ来るかわからない地震におびえています。

特に夜になって、暗くなってくると、心臓がドキドキして眠れません。

新聞に地震という文字が書いてあったり、テレビで地震と聞いたりしただけで、もう怖くなってしまうのです。

私の息子は、障害を持っています。災害の時には、どうしたらいいのだろうか、などと考えて、特に恐ろしくなってしまうのかもしれません。

夫は「大丈夫。大地震なんてめったに来ないよ」と言ってくれます。ですが、その場しのぎなので、安心できないのです。

どなたか「大きな地震など来ないですよ」と言ってほしいです。

落ち着いて、心穏やかに過ごすには、どうしたらよいのでしょう。お教え下さい。

（東京・E子）

▼人事を尽くして天命を待つことに意味
――不安に備える行動が不安自体を軽くする

解決法アドバイス

現在多くの人が持っている不安を切々と述べていただきました。これに対して「大丈夫!」と確実に保証できる学説はないわけで……。いや、またあなたを不安にさせてしまったかも。もっとも大半の人は、「とりあえず、この問題は考えないことにしておこう」「まあ、何とかなる」とどこか頬かむりをして、日常を過ごしているようです。

実はあなたのようにまともに考える方が現実的で、むしろこの姿勢を一般の人に勧めたいくらいです。

ただ、あなたの不安が本当の意味で役立つのは、「人事を尽くして天命を待つ」という心境に至った時です。つまり、防災グッズをそろえたり、食糧備蓄をしたり、寝床の横に必ず靴を置いたり。避難路を確かめる、逃げるための体力を鍛えるなどの準備をすれば、あなたの不安には意味が出てくるのです。

こういうことをまだやっていなければ、ぜひ行動を起こしてください。助かる確率が上がるだけでなく、動くことで不安自体も軽くなると言われてもいますから、ますますお勧めです。うまくいって、「地震? 備えはばっちり」という心境になったりしたら、もう完璧です。

先代社長の娘の言動に悩む
――このままでは「会社の危機」心配募る

（60代男性）

まもなく定年を迎える60代男性。微力ながら40年近く老舗の建設会社で働いてきました。取締役として会社を仕切る先代社長の娘が気分屋で、自分が去った後の会社の将来が不安です。

娘は40代で気分の波が激しく、社員はみんな彼女の顔色をうかがって仕事をしています。失敗を他人のせいにして反省しないので、同じ間違いを繰り返します。夫の社長とも人目もはばからずけんかをします。後継ぎもおらず、安定的経営の見通しがたちません。

先代の社長は私を頼りにしてくれ、私と妻は、彼女の仲人のような立場です。それだけに放置したまま退職しては、会社の危機を招くと思うのです。

妻は、女性の立場で考えると、彼女は更年期で夫と親との間で悩み、後継者問題も含めて、不安なのではないかと、彼女の心情を思いやって心配しています。彼女の言動は、以前よりほんの少しは良くなってきているように思いますが、何か打開策はないものでしょうか。

（J男）

▼仲人の立場から相談相手となる
――修正努力が見られることに期待

解決法アドバイス

どこの職場にも「困った人」というのはいますよね。それがオーナーの一族にして取締役となるとさらに始末が悪いですが、ここであなたの奥様の解釈は素晴らしい！　彼女を単なる「困った人」と切り捨てるのではなく、あくまで本人の立場に立って、何とか理解しようとしておられる。いわゆる「問題児」を扱う場合にはこういう姿勢こそ大事なのです。

そこで、奥様のお考えをヒントに解決策を整理してみます。現状に誰も口を挟めないのだとすれば、身体面や感情面から攻める、つまり外堀から埋めていくのはどうでしょうか？

まず、更年期も無関係ではないようなので、奥様を通じさりげなく病院の受診を勧めてはどうでしょう。身体が多少なりとも楽になれば態度も変わるかも。家族や後継者の問題について仲人の立場からじっくり家庭での悩みを聴いてあげること。相談相手がいれば彼女の気分が和らぐかも。

ちなみに、お手紙に「最近少しは良くなっている」ともあります。これは彼女が自分の問題点に多少気づき、修正の努力をする能力があることを暗示しています。これにも期待がかけられるように思えます。

「ニタニタ」気味悪い隣人——少額だが貸したお金を返してくれない

（60代女性）

60代の主婦。20年前に引っ越してきました。悩みは、お隣のご主人のことです。

そのご主人は、数年前に定年退職してから、毎日ニタニタしながら我が家をのぞいています。私が洗濯物を干していると、向こうも庭に出てきてニタニタと見物しています。早朝、新聞を取りに玄関に出ると、やはりニタニタしながら、我が家の前にいるのです。

少額ですが、お金を貸してくれと頼まれ、融通したら返してくれません。わびの言葉もありません。隣の妻は、こちらがあいさつしても返事はいっさいしない女性なので苦情を言うこともできません。

夫は「近所だから我慢しろ」と言いますが、専業主婦で一日家にいる私は、気味の悪い隣人にイライラさせられています。定年退職した男性は、何をしていいかわからず、暇をもてあましてお隣見物となるのでしょうか。気持ちをどう持つべきかお知恵を拝借したく思います。

（群馬・J子）

▼触らぬ神にたたりなし
——これ以上悪くしないという視点で考える

解決法アドバイス

ご近所問題というのは世間に多いものですが、この場合、トラブルと言うほどの次元じゃないだけに、かえって解決しにくい感じです。しかも、抗議に行くとか、警察に相談するとか、下手に動くと何だかかかえってこじれかねない雰囲気もある。ここは20年続いた隣人として「これ以上悪くしない」という視点から考えるのが一番かと思います。

そのポイントは「触らぬ神にたたりなし」ということでしょう。つまり、あいさつ以上の付き合いはしない。お金の貸し借りなんてもってのほか。しかし、その一方で可能な限り隣人の心情を好意的に解釈する。

たとえば、あなたは「ニタニタしてる」とおっしゃるが、それはあなたの解釈が入っている。ここは「ニコニコしてる」と表現を変えてみる。「見物に庭に出てくる」という解釈は、「向こうも庭掃除か」と変更してみる。「気味の悪い隣人」という件は、これまでどおり「定年でやることがないのだろう。かわいそうに」と同情していればよい。

そして、あまり隣人を意識しない努力。何しろ「触らぬ神」ですからね。居ても居なくても同じ存在なんだ、と奉っておくのが一番です。

同居の娘夫婦と関係悪化
――娘も婿もゲーム漬け　家事せず外食ばかり

（60代女性）

60代の主婦。30代の娘夫婦と2世帯住宅で同居していますが、関係が悪化して、2年間も娘と話ができないでいます。

娘も婿もオンラインゲームにはまり、仕事以外はゲーム漬けです。娘も以前は家事をしたのに、掃除もせず外食ばかり。2人の健康が心配で注意をしたら、婿は「自分たちの思い通りにしようとしている」と私と夫を非難し、今後娘とのやりとりは「全部自分を通すこと」と言いました。婿からは「あなたたちの先を見る気はない」とも言われ、怖くてつらい毎日です。

娘は婿に洗脳されているようで、メールを送ってもすぐ婿に見せてしまいます。私たちにとって娘は大切な存在ですが、分かってもらえません。

夫はさじを投げています。同居の話があった時は親孝行だと喜びましたが、今は夫と2人で家を出たいです。でも、金銭的に不安があり、娘の将来も心配です。

（G子）

▼今後のことを再度話し合う時期
――可能な選択肢の中で気持ちを固める

解決法アドバイス

ご相談にはいくつかの異なる要素があるようで、整理しつつ考えてみます。

まず第一に「困った夫婦が同居していて、気になってしょうがない」という側面です。これは悪いことを仕掛けてくるわけじゃないし、別々の一家として不干渉で暮らせば良いわけです。感情的にどうしても嫌なら、別居しかありません。

第二に娘が変な男と結婚してかわいそう、何とかしたいという悩みです。これは親心として分かりますが、30代にもなる娘さんの自己責任ですし、夫婦仲も良いとなると、口出しする要素は残念ながら小さい。いずれにしろ、娘さん夫婦の仲を分断するような動きは良くないでしょう。

第三にせっかく入り婿をもらって同居したのに、老後の面倒をみてくれそうもない、という不安です。これは婿を取った時にどんな話になっていたのかとも関わりますが、もはやこのような婿に同居して面倒をみてほしいとは思われないでしょう。

つまり、今後のことを再度話し合う時が来たということです。それには自分たちがどうしたいのか、現実に可能な選択肢の中で気持ちを固めておく必要があることはもちろんです。

妻が相手にしてくれない——退職して気持ちが若返ったのに

（60代男性）

長年のサラリーマン生活を終え、今年定年退職した65歳の男性。体は若い人に負けず健康なのに、妻に相手にされません。

現役時代の後半は、仕事の疲れからか夜の営みは月に1度あるかないか。性欲もありませんでした。

ところが、退職して自分のペースで毎日、朝夕にウォーキング、お酒も控えめ、早寝早起き等、健康に過ごすようにしたところ、若いころのような気持ちになってきたのです。

しかし、妻は月に1度なら対応してあげてもよいと拒んでばかりです。「この年になって何を考えているの」と、私の要求に真面目に応えてくれません。

最近、週刊誌等で高齢者の性について取り上げられています。愛人を持つほどの気力・財力もなく、妻には相手にされない高齢者の私はどうすればいいのか、何か良いアドバイスをお願いします。

（大阪・K男）

解決法アドバイス

▼愛や遊び心を忘れず　相手をその気にさせる
——若い時の夫婦生活をよみがえらせるチャンス

下半身が元気すぎる悩み……。うーむ。高齢男性にはうらやましい悩みと言えるかも。何々？　毎日朝夕ウォーキング、お酒を控えめで早寝早起きが良いのか！　参考になるなー。いや、思わず話がそれましたが、あまりにも赤裸々なご相談。これは新聞紙上では述べにくいようなことも含めて、きっと色々な対応策があるんだと思いますがね。ここではもっぱら夫婦の問題という角度から真面目に考えてみました。

あなたは奥様と折衝したけど、相手にされなかったとおっしゃる。しかし月1回のペースは獲得できているし、門前払いではない。これは、もっと頻度を上げるにはどうするかということですね。

そのためには、相手もその気にさせるのがポイントだと思います。機械的に月何回だ、と契約書を交わして進めるような交渉ではうまくいかないでしょう。長い間、あなたの方も不調で、意のままにならないことも多かった。奥様もそれで満足してはいないはずです。

自信を回復した今、二人で若い時の夫婦生活をよみがえらせるチャンス到来ととらえるべき。そのためには、結局は愛や遊び心を忘れないことだと思います。

離婚の長女 3人子連れで疲弊 （60代女性）
――精神的に男性にすがりたいと言う

60代の女性。3人の子どもを連れて離婚した長女の今後が心配です。

長女には小学生2人と5歳の子がいます。2年前にうつになり病気休業を繰り返しながら働いています。

先日、「自分は子どもを育てられない」と言い放ちました。子どもが言うことを聞かずわがまま放題で、ゆううつになり、むなしくなるのだといいます。

再婚したいと、結婚相談所に登録しましたが、うまくいきません。「3人子どもがいるのは、そんなにハンデなのか」と落ち込んでいます。精神的に男性にすがりたい、と言います。

状況を見かねて、私は孫たちを3日ほど預かりましたが、すっかり疲れてしまいました。私にも持病があり無理がききません。

長女の元夫に、子どもを引き取ってもらえないかと話をしたら、「何を今さら」と断られてしまいました。

心配でなりません。私は母親としてどうすべきでしょうか。（広島・W子）

解決法アドバイス

▼父や母から邪魔者扱いされるお子さんが不憫
——再婚のためにも母は子どもをかわいがらねば

いや、ご長女の子育てのご苦労いかばかりかと共感したいのですが、それ以前にお子さんたち、父からも母からも邪魔者扱いされて、何だか不憫《ふびん》すぎます。

第一、「子どもを育てられない」と宣言したところで、お子さんにとって大切な母親であることに変わりありません。ご長女の母であるあなたが、「それを言ってはいけない」と諭してあげるべきかと。ご長女は再婚を考えておられるようですが、それを実現するためにも、まず母が子をかわいがらねば。「子どもがいるのはハンデ」と言う以前に、我が子への愛情がないのでは良い旦那が来てくれるわけもない。子どものある女性と再婚したい男性の心理は、やはり平和で幸せな家庭を作りたいという願いでは?「子どもが嫌なので男に頼る」のでは、かえって男が寄り付かないでしょう。

持病があるのに本当に精いっぱいの力を尽くしておられるあなたに頭が下がりますが、ご長女の子育てを代行したり、元夫に子どもを押し付ける算段をしたりするのではなく、子どもをどうやったら愛せるかを、ご長女と一緒に真剣に考えることから始める必要があるように感じられました。

3年後に団地班長 不安
——そううつ病で人に接するのが苦手

（60代男性）

60代後半の独身男性。市営団地に住んでいるのですが、3年後に回ってくる班長の役目が自分には務まりそうにありません。

班長は自治会費を集めたり、除草や清掃の割り振りを取り仕切ったりします。自治会費なら集められそうですが、気の小さい私にとって、除草や清掃の手配をするのは相当の重荷です。

私はそううつ病でもあり、人と接するのがことのほか苦手です。自然な会話をしたり笑顔を見せたりすることができません。誤解されやすく、班長が務まるはずがないと思います。かといって、団地の人たちは皆いい人ばかりですから、順番に回ってくる役目を自分だけやらないというのも気が引けます。無難にこなすよい方法はないものでしょうか。

年がいもなく、つまらぬことで悩み続けている自分が情けなくなります。3年後のことで頭がいっぱいで、眠れない日々を送っています。

（大阪・A男）

▼ピンチを利用して自分を立て直す
——大切なのは誠実さを態度で示すこと

解決法アドバイス

この悩みの背景には「人に接したくないが、迷惑もかけたくない」という葛藤があるようです。もし「何が何でも自分はやらない、人がどう思おうと関係ない」というのなら、ことの善しあしは別にして、断固断ればよいだけのこと。しかし、あなたの誠実さがそれを許さないのですね。

これはもう、このピンチを利用して自分を立て直すしかない。いくつになっても、人間立て直しはできるのですから。それにはまず、一生懸命に役を務めること。「自分は対人関係が苦手で、誤解されるけど、一生懸命やります」と正直に言えばよい。役に就く前から、「自分には分からないので、教えてください」と班長の所に弟子入りみたいなことをして、指導を仰ぐのも悪くない。あなたは自治会費を集めるのは苦でないとのことなので、その機会を利用して、多少会話や笑顔の練習をする。

ただし、そこで笑顔や社交的な会話より大切なのは、あなたの誠実さを態度で示すこと。「あの人、ぶっきらぼうだけど、まじめないい人よ」と思われることです。あなたにはそれが可能じゃないかなと私には思えてなりません。

引きこもる40代の長男
——年金のみで3人食べていくのは大変

（70代女性）

70代主婦。40代半ばの長男が社会から孤立したような生活をしています。長男は、大学卒業後に就職して一人暮らしをしていましたが、5年前に失業。「仕事を探すため2年ほど家に帰りたい」と言うので、親が元気なうちに協力しようと了承しました。しかし、短期バイトで年に4か月ほど働くだけ。職を探す様子もなく、友人と交流もなく、引きこもり状態です。

私が「何とかしたら」と口出しをすると「自分は負け組」「40歳を過ぎると相手にされない」とわめきます。前向きになれるよう精神科の受診を勧めたら「病人扱いするな」と怒り、一切口をきかなくなりました。

今は家の中で顔も合わせません。夫は何回か会話を試みましたが、つい声を荒らげてしまうため、何も言わなくなりました。私たちも70歳を過ぎ、年金のみで3人が食べていくのは大変です。これからどう接したら良いのか悩んでいます。

（大阪・J子）

解決法アドバイス

▼けん制状態解消に向け、まず対話の再開を
――いったん謝った上で家族の窮状もさらけ出す

これは一家でけん制し合っている構造が問題です。

つまり、両親は息子さんが荒れるのを恐れ、息子さんは両親から何か言われるのを恐れて、互いを避けている。その結果、ほとんど何もしていない息子に3食昼寝付きの生活が許されている。言わば引きこもりを公認しているわけで、この状況で仕事を探そうとするわけはありません。しかも息子さんからすれば、必ずしもこの生活を望んでいるわけではないと思われます。

確かに息子さんを社会復帰させる方策となると、なかなか難しい。でも、まず現在の構造を改めねば話にならないでしょう。ここはとにかく、もう一度互いに顔を合わせることから再出発するしかありません。

その方法に王道はないのですが、まず「もう一度話そう」と語りかけ、「私たちも十分に話せず悪かった」といったん謝ることから始める。そして「働け」という命令ではなく、相談に乗る、一緒に考えよう、私たちはお前の味方だ、という姿勢を見せ、親の方の金銭的な問題、将来の介護の不安など、弱さも見せることです。

一挙にうまくは行かなくても、まずは対話の再開をすることは絶対に必要だと思います。

妻なき70代　不安募る
——話相手のない毎日、妻のありがたみを思う
（70代男性）

70代男性。この先不安でどうしたら良いのかわかりません。

私は3歳で母親を亡くし、建設作業員の父と2人暮らしでした。中学を出て父と一緒に働きました。今のように機械もなく手作業で、早朝から終電まで働く毎日。正社員にしてもらい、仲間から紹介された妻と21歳で一緒になりました。

妻は5人の子どもを産んでくれ、大変な思いをして学校を卒業させました。その子どもたちも都会に出て、今はよほど用事がないと来てくれません。妻は15年前にがんで他界し、私一人で寂しく暮らしています。

近所との交流もなく、田畑があるわけでもなく、たまにスーパーで買い物をします。生活は年金で、シルバー人材センターが仕事がある時は言ってくれます。しかし、話し相手もない毎日です。妻のありがたみをつくづく思い、どなたか見つかりますよう、あちらこちらと探している所です。良いアドバイスをお願いします。

（兵庫・N男）

短い中にも、あなたの歩んで来た人生が切々と胸に迫るお手紙を読ませていただきました。ただ、現在ある孤独……。これこそ、高齢社会を生きる万人に共通した大いなる不安に違いありません。私にとっても全く人ごとではなく、妻にどうか長生きしておくれ、と思わず手を合わせたような次第です。

解決法アドバイス

▼新しいパートナー探しに光明
——第二の青春を求めるのは自然なこと

この孤独をどう解消するか。積極的に仲間作りをして、明るく前向きに生きれば良い、と言うのは簡単ですが、やはりきっかけが要りますよね。その点、「どなたか見つかりますよう」という一文は注目に値します。お手紙の中で、この部分だけ妙に光り輝いて見えました。ぜひ、当面はこれを目指して生きることを勧めます。

考えてみると、長寿の時代となり、人生2回結婚は全く自然なこと。実際、一人暮らしの高齢者がパートナーを探す動きが広がっていて、婚活支援サービスもいろいろあるようで……。もちろんトラブルにも気を配る必要はありますが、幸福な結婚に至った実例も多い。それに大切なのは、このことで、希望をもった生活へと転換すること。それがあなたに第二の青春をもたらすというものです。

70代女性　寝言がひどい　（70代女性）
——泊りがけの旅行で周りを驚かせる

70代の一人暮らしの女性。寝言がひどくて悩んでいます。

きょうだいの家に泊まりがけで遊びに行った時のことです。あまりにも私が大声でハッキリと寝言を言ったので、周りに驚かれました。

普通、寝言は言葉がハッキリせず、ムニャムニャという感じで言うものだと思うのです。でも、私の場合は、恐怖のあまり「助けて！」とか「ドロボー！」とかを大声で叫ぶらしいので、困っています。

昔、安いアパートに住んでいたときに、夜中に叫んでしまったことがありました。その時には、2階の住人が驚いて下りてきたほどで、恥ずかしい思いをしました。

寝言のほかには、今は特別な心配事もなく、のんきな一人暮らしです。

でも、泊まりがけの旅行など寝言が心配で、行くことができません。何か病気でもあるのでしょうか。

（北海道・I子）

解決法アドバイス

▼病的なものでない生理現象
――旅行の時は正直に寝言のことを話しておく

よほどの恐怖体験があって、そのことでひどい悪夢にうなされ続けているとすると、ストレス障害などの可能性もありますが、あなたの場合、そういう寝言とは違うようですね。多少気になるのは、「恐怖のあまり『助けて！』と叫ぶ」という部分ですが、普段は心配事もないとのことで、ストレスによる寝言ではないようです。

また、寝言を大声ではっきり言うことも気にされているけれど、こういう寝言のタイプも珍しくない。いずれにしろ病的な類いのものじゃないでしょう。

問題は、泊まりがけの旅行とかができない点。でも、生理現象を調整するのは難しいですよ。寝言はもうやめようといくら決意したって、人間寝ている間のことまで責任持てませんからね。寝言を減らす薬というのもありませんし……。何かできる工夫を一生懸命考えてみたのですが、旅行の時は頼んで一人部屋にしてもらうとか、あらかじめ正直に寝言のことを話して、皆に耳栓を配るとか、陳腐なことしか考えつきません。

一人暮らしなので、普段は思いっきり寝言が言える。これものんきな一人暮らしの利点だ、とでも思って暮らすのが一番かと……。

70代男性　本命女性と疎遠

——別の女性との関係をもらし トラブルに

（70代男性）

70代の男性。妻が9年前に他界し、再婚も考えて十数人の女性と交際しました。その中の心優しく親切な女性にひかれ、彼女が中心と思いながらも、あろうことか複数の女性とも関係しました。それが彼女に知れてトラブルになっています。

女性との付き合いは、メールや電話だけから男女の関係まで様々。2か月で終わる人もいれば、5、6年になる人もいます。

関係をやめる時は、別の女性の話をしたり、美人比較をしたり。そもそも私は女性の気持ちを理解し、大事にすることに欠けるのでしょう。自分に気があると有頂天になり、独りよがりでした。自分への反省です。

彼女は、私が彼女とだけ交際中と信じていました。私が別の女性とも関係したとポロッとしゃべって以来、円満な付き合いができなくなりました。彼女に言われて別の女性と別れましたが、彼女は交際をやめたいと言います。彼女を失いたくありません。どうしたらよいでしょう。

（新潟・E男）

解決法アドバイス

▼あなたの女性論を実践で試す時
——独りよがりでない誠実な態度を示す

齢《よわい》70を超えても多くの女性と次々付き合うあなた。うーん、元気だ。身体的なことだけじゃない。その意欲が素晴らしい！

それにこれは典型的な恋愛相談なんです。たくさんの女性と付き合うあなたにジェラシーを感じて、怒る「本命の彼女」。「どうしたらよいのか？」というご質問ですが、「どうしたらそんなにもてるのか？」と、むしろ私が聞きたいです。

いや、お手紙にはあなたの経験から来る女性との付き合い方がすでに書いてある！　いわく「女性に女性の話をしない」「美人比較をしない」「気持ちを受け入れてくれても有頂天にならない」うんぬん。あなたは「これは自分への反省だ」とおっしゃいますが、私にはあなた独自の女性論のように読めますし、多くの男性にとって参考になるのではないでしょうか？

あ、思わずあなたの女性論に見入ってしまい、うっかりご質問への回答を忘れるところでした。これこそ、あなたの持論を実戦で試す時が来たのではないですか？　彼女にも、そのように「独りよがりをやめ」「気持ちを分かる」誠実な態度を徹底的に示す。それで彼女はあなたのもとを去りたくなくなるはずです。

死後12年 夫への幻滅消えず
——良いところを見て結婚生活を続けたが

（70代女性）

70代の女性。夫が亡くなって12年たちました。相談するのも気が引ける内容ですが、夫への幻滅がいつまでも脳裏から消えません。

20歳で八つ上の夫と結婚しました。新婚3日目に夫が食べた物を歯につけたままでいるので、私はびっくりしました。「歯をきれいにしてください」とお願いしたら、「見えないからしょうがない」という言葉が返ってきたのです。そんなことを言う夫の人柄にまた驚いて2度ショックを受けました。離婚という文字が頭に浮かびましたが、当時の実家はもめごとがあって帰れませんでした。

それから夫の良いところを見て暮らそうと思い、結婚生活を続けました。その後、何回も夫の歯に食べ物がついていて、その度に暗い気持ちになりました。

今は近くに住む娘と静かな生活を送っています。スッキリと晴れた気持ちで今後の人生を過ごしたいのです。

（北海道・M子）

解決法アドバイス

▼良い面を見て結婚生活を続けたことを評価
——生前の努力とくらべれば　これからは楽なはず

確かに歯に食べ物をつけたままにしているのは、美しい光景ではありませんが、失望して離婚を考えるほどの行為か、夫の死後12年たってもまだ思い出すような重大案件かと言うと、そうでもないような……。

これはご主人のデリカシーの欠如、注意しても正さない頑固さ、という問題点の象徴的な表れとして、あなたの脳裏から離れないのかな、と思われます。

それで回答ですが、あなたのお手紙の中にヒントがあります。あなたは途中からご主人の良い面を見て暮らそうと努力を始めたとのこと。結婚生活を続けられたところを見ると、どうやらこの作戦は成功したようです。ご主人も良さだけを評価されて、幸せだったことでしょう。

それが没後になると、一転して悪い面だけを思い出にされている。かわいそうと言えばかわいそうです。ここは、生前と同様に、良い面だけを思い出してあげられないものでしょうか？

そもそも過去は美しく見えるもの。夫の生前にあなたがなさっていた努力にくらべると、ずっと簡単なことでは？　まして、それであなたの気持ちが晴れて暮らせるとしたら、試みるべき努力に違いありません。

余生に希望持てない70代
——お迎えの来る日まで安らかに生きたい

（70代女性）

70代の女性。余生に希望が持てません。

うつ病で17年間通院しながら、生活保護費と年金で独り暮らしをしています。ぎりぎりの生活ですので、トイレは電気をつけず、冬の間の入浴もシャワーで済ませています。月に2回、湯船につかるのが幸せな時間です。

楽しみと言えば、ぼけ防止に取っている新聞を読むこと、1日1時間の散歩、友人にいただいた観葉植物を育てることぐらいです。趣味はお金がかかるのでやめました。友人との付き合いも疎遠になっています。いっそ、死んでしまったほうがどれだけ楽かと思うことさえあります。

幸い、日当たりのよいアパートで健康に暮らせています。それだけで幸せなのかもしれません。でも、明るい希望がどこにも見いだせないのです。

お迎えの来る日まで、安らかに生きていくにはどうすればよいのでしょうか。道しるべをお教えください。

（東京・E子）

解決法アドバイス

▼『方丈記』の「物は考えよう」の主張に学ぶ
――ひとときの幸せ、小さな楽しみを発見する

うつ病と貧困に苦しむ独り暮らしの生活。トイレの明かりや入浴まで節約せねばならないのか、と胸に迫るものがあります。ここで私の心に浮かんだのは、鎌倉時代の鴨長明の随筆「方丈記」です。そこでは、自分の貧乏暮らしについても描いています。

鴨長明は「人間の世界はただ心の持ちよう次第」と喝破し、「わが一身は空に浮く雲と考えて、あてにもしないし、不足とも考えない。一生の楽しみは、うたたねをしている気軽さに尽きる」（『方丈記』角川ソフィア文庫、簗瀬一雄現代語訳より）と述べます。

現代人のあなたにこのように悟れ、とは言いませんが、「物は考えよう」という主張は参考になるかもしれません。お手紙をよく読むと、あなたは月に2回ではあっても湯船のひとときの幸せ、散歩や植物を育て、新聞を読む楽しみ、日のいっぱい当たるアパートでの健康な生活など、お金のかからない楽しみ方を見つけている。こういう発見こそが生きて行く道しるべとなるのではないでしょうか。

そして見渡せば、人との交わり、自然を愛《め》でるなど、まだまだ新しい喜びを再発見することができるのではないかと感じました。

40代息子 お金にルーズに
――私が死んだらどうなるのだろうか心配（70代女性）

70代の女性。同居している独身の40代息子のことで相談します。

息子は、高校を出て百貨店に勤めていた頃、少しのお金でも真面目に貯金していました。優しい心の持ち主で、家のネコが死にかけた時に手術代を出して入院させ、私が病気になると親身に看病してくれました。

しかし、10年ほど前にパン店に就職すると、お金にルーズになりました。給料日の翌日にはお金がなく、携帯電話料金を私が支払ったこともあります。借金があるのかと聞いても否定します。その上、足と脇腹にあざを作ってきたこともありました。「仕事でできた」と答えるのみで、職場でいじめられているのではないか、と考えてしまいます。

私もいつまで働けるかわかりません。このままいくと息子は結婚できないでしょうし、私が死んだらどうするのだろうかと心配です。よきアドバイスをお願いします。

（福岡・W子）

解決法アドバイス

▼状況を変えるため　危機意識をあおり立てる

――先のことを考えない姿勢　尻に火をつける

真面目で優しい申し分ない息子。たまに傷なのが給料の大半をすぐに使っちゃうこと。しかも体があざだらけ、誰かに恐喝されて金を巻き上げられているのか……。こうなると一転して、ミステリータッチの事件の香りすらしてきます。

でも、これらは全否定もできないが、どれも想像の域を出ない。確かなのは、息子さんが貯金しない、将来ビジョンがない、といった点だけであって、それを心配する親心がこのご相談の核心かと思えます。

そして息子さんの心理は「今の生活が自分にとって一番好都合だから動く必要がない」ということでは？　経済的に楽でなくても、親子2人で暮らすかぎり衣食住に困らないし、何にしろ給料を好きなように使え、時に携帯代金まで払ってもらえる。この生活を変える理由がない。いや、先にはきっといろいろあるにしても、今は考えないようにしておこう……。

この状況を変えるには、危機意識をあおり立てるしかない。そのためには「私もいつまで働けるか分からない」「私が死んだらどうする？」など、あなたの心の中にある叫び声をぶつけることから始めるのが一番ではないでしょうか。

夫の浮気 亡き後も許せず
——当時を思い出し 自分がかわいそうでならない（70代女性）

70代の女性。3か月前に他界した夫の浮気が、今でも許せません。

夫は20年前、飲食店で知り合った女性と5年間、深い仲を続けていました。毎晩のように飲みに行きホテルに入り浸っていました。私はお金もなく、じっと我慢して待つばかりでした。両親の介護などを私に押しつけて遊びざんまいでした。

やがて、私の堪忍袋の緒が切れると、あっさり別れました。しかし、2人して私が何も知らないだろうと、ばかにしていたのかと思うと、今も腹が立ちます。

もう終わったことなので今さら、とも思いますが当時を思い出すと、自分がかわいそうでなりません。考えるだけで血圧が上がり体調も悪くなります。

スッキリするために、せめて相手の女性に手紙で訴えたいのですが、私の考えは間違っているのでしょうか。ご意見をお聞かせください。

（北海道・K子）

解決法アドバイス

▼一度の手紙で一矢を報いる
――感情に任せず事実を淡々と書いた方が効果的

これは本当に苦労されましたね。いまだ怒りと悔しさに苦しむ日々。ご主人が存命の時に真摯《しんし》な反省の言葉さえあれば、ここまでいかなかった、と思えます。いずれにしろ、あなたがこれ以上、一方的に我慢し続けるべきではないですよ。

その点、「スッキリするために」相手の女性に手紙で訴えたい、というあなたの気持ち。このことまで「我慢しろ」と言うことなど、どうしてできましょうか。

もちろん、こんなことをしても、ただ無視されるだけであって、相手が反省したかどうかは分かりませんから、意味がないのかも。でも手紙を書くということ自体が、気持ちを落ち着かせ、考えを整理することに役立つんです。第一、この「人生案内」へのご相談にもそのような意味がありますからね。ここで相手に対する本音を整理するのも悪くないです。

ただし、怒りを感情に任せてぶつけるのではなく、事実を淡々と書いた方が響くような気がする。たとえ返答がないとしても、何度も深追いせず、一度の手紙で一矢を報いたと考えるべきです。あとは過去ではなく、これからのあなた自身の人生のことを考え、前を向いて生きることだと思えます。

治療せず死なせた愛犬　償いたい（70代女性）

――後悔と反省の毎日

70代の女性。愛犬の病気をちゃんと治療せずに死なせてしまったことを後悔し、謝罪したい気持ちです。

一人暮らしの私は、愛犬「ぷりん」のおかげで癒やされてきました。引っ越しをして右も左もわからない時も心の支えでした。

2年前、動物病院の先生に副腎が悪いと告げられたのですが、私は戸惑いつつ、そのままにしてしまいました。今年の6月頃に急に調子が悪くなり、後ろ脚が動かせなくなりました。それでも前脚を使って決まった場所でトイレをしていました。私を気遣い、けなげに頑張る姿に感動しました。

そして8月に旅立っていきました。14歳でした。治療をせずに放っておいて、つらく苦しい思いをさせてしまった。守ることができなかった。後悔と反省の毎日です。本当にごめん。今日まで何かとありがとう。

ぷりんは私にとってかけがえのない家族でした。どうやって償えばいいのでしょうか。

（栃木・E子）

解決法アドバイス

▼「ありがとう」という感謝の言葉で十分
——謝られても愛犬は悲しい思いをするだけ

これはお手紙からちょっと分かりにくい面もあるのですが、あなたが愛犬ぷりんの積極的な治療を躊躇《ちゅうちょ》しているうちに病気が進行してぷりんは死んだ、それを自分のせいだと考えて苦しんでいる、ということなんですね？　しかし治療にも危険性があるでしょうから、積極的に治療しないのが一番良かった可能性もあるのでは？　なにしろ病気を告げられてから2年もぷりんは生きたのですからね。

何が良かったのか、悪かったのかは神様だけがご存じなことなんですよ。だから、ここは自分を責める必要なんてないと思います。

第一、ぷりんはあなたに謝罪してほしいと思っているんでしょうか？　謝られると、かえって悲しい思いをするような気がしてなりません。あなたのこのお手紙を読むだけで、あなたの大事な大事なぷりんとの日々が美しく浮かびあがってきます。

そうです。あなたと長いこと一緒に暮らして来た。それだけで意味のあることなんです。

ここで一番ふさわしいのは、あなたがお手紙の最後の方に書かれている、「今日まで何かとありがとう」という感謝の言葉であって、それで十分ぷりんは喜ぶと思います。

自分勝手な夫が認知症に
——世話を続けることを思うと死にたい気分に

（70代女性）

70代の主婦。若い頃から自分勝手だった夫が2年前、認知症になりました。これからも世話を続けると思うと、死にたい気分です。

昔から、思い通りにならないと大声を張り上げ、反論すれば、「言い訳するな」とどなりました。子どもについての面倒な話などをすると、わざとドアをバタンと閉めたり、物を投げたりしていました。男性だから仕方ないのかと思っていましたが、最近、精神的な暴力を示す「モラハラ」という言葉を知り、夫もそうだったのではないかと思うようになりました。

認知症は軽度ですが、介護サービスを一切受ける気がありません。オムツを嫌がり、昼夜を問わずお漏らしするため、洗濯や洗濯干しを何度もして大変です。思い通りにならないとどなるのも昔と同じです。

私も持病で体が思うように動きません。助言をお願いします。

（東京・T子）

解決法アドバイス

▼ノウハウの蓄積がある専門機関に頼るべき
――一人で背負い込むことのないように

モラハラと呼ぼうが呼ぶまいが、ひどいご主人ですね。お手紙に「男性だから仕方ないのかと思っていた」という表現がありますが、あなたに男性は全てこんななのかと誤解させたわけで、私としては全男性を代表して、ご主人に抗議したい心境です。

さらに問題なのは、現在の介護の大変さです。これがもともと愛妻家で優しい夫だったとしたら、心理的ストレスも多少は違ってきたでしょうが、昔と変わらず大声でどなるとなると……。ただ、そういった感情面のことはこの際、差し置いて、昔のことと今のことは別々の問題と割り切ってことを運ぶべきです。

認知症による問題行動にご家族だけで対応することは困難ですし、ましてあなた一人が背負い込むと、あなたが先に倒れることになりかねぬ。病院での受診を含めて考えるべきケースですが、本人がそれに賛同するわけもない。

ここは、地域包括支援センター等の公的機関での相談を勧めたいです。人生案内で「専門家に聞け」というのはあまり良い回答ではないという説もあるようですが、それでもあえて言います。やはり、ここは多くのノウハウの蓄積がある専門機関に頼るべき時だと思います。

●著者紹介――
野村総一郎（のむら・そういちろう／精神科医）
1949年、広島県生れ。74年、慶應義塾大学医学部卒業。米国留学、藤田学園保健衛生大学精神科助教授、立川共済病院神経科部長、防衛医科大学校精神科学教授、防衛医科大学校病院院長などを経て、2016年より六番町メンタルクリニック所長。日本うつ病学会理事。
著書：『うつ病をなおす』（講談社）、『心の悩み外来』（NHK出版）、『精神科にできること』（講談社）、『うつ病の真実』（日本評論社）、『人生案内 もつれた心ほぐします』（日本評論社）『人生案内 ピンチをのりきる変化球』（日本評論社）ほか、多数。

人生案内《じんせいあんない》 心《こころ》の悩《なや》み 心《こころ》の不調《ふちょう》に答《こた》えます

2016年9月10日　第1版第1刷発行

著　者――野村総一郎
　　　　　株式会社 読売新聞東京本社
発行者――串崎 浩
発行所――株式会社 日本評論社
　　　　　〒170-8474　東京都豊島区南大塚3-12-4
　　　　　電話03-3987-8621（販売）-8598（編集）
　　　　　振替00100-3-16
印刷所――精興社
製本所――難波製本
装　幀――桂川 潤

ISBN 978-4-535-56355-1

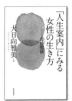

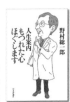

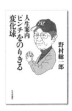

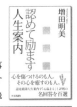